巴西柔术
入门教程

[德] 克里斯蒂安·布劳恩（Christian Braun） 著　王琪 译

（全彩图解版）

人民邮电出版社

北　京

U0597882

图书在版编目（CIP）数据

巴西柔术入门教程：全彩图解版 /（德）克里斯蒂
安·布劳恩（Christian Braun）著；王琪译. -- 北京：
人民邮电出版社，2019.5
ISBN 978-7-115-49628-7

Ⅰ. ①巴… Ⅱ. ①克… ②王… Ⅲ. ①柔术—巴西—
图解 Ⅳ. ①G857.77-64

中国版本图书馆CIP数据核字(2018)第234855号

版权声明

Original Title: Jiu-Jitsu–The Basics
Aachen: Meyer & Meyer Verlag 2006

免责声明

本书中的信息针对成人受众，并且仅具娱乐价值。虽然本书中的所有建议都已经过事实检查，并在可能情况下进行过现场测试，但大部分信息都具有推测性，并且要取决于实际情况。出版商和作者对任何错误或遗漏不承担任何责任，并且对包括在这本书中的信息适用于所有个人、情况或目的不作任何明示或暗示的保证。在尝试这些页面中所列举的任何活动之前，确保了解自己的局限，并充分研究所有相关风险。书中提及的某些行为，在不同地区受到不同法律、法规限制，请务必遵守当地相关法律、法规。读者为自己的行为承担所有风险和责任，出版商和作者对此处所提供信息可能导致的任何损失或任何一种损害（间接的、连带的、特殊的等）概不负责。

内 容 提 要

巴西柔术自诞生以来，不断吸收多种武术之长，形成了一套行之有效的防身之术，并逐渐成了大众健身的一项重要选择。本书从巴西柔术的格斗姿势、步法、护身倒以及寝技等基础知识入手，依次讲解了当身技、锁技和投技以及包括防守技术在内的综合技术，同时还提供了格斗中的追逐技巧、五种攻击形式下的多种防卫策略。全书内容系统、全面，并配有大量动作分解图片，可有效帮助练习者正确学习巴西柔术的动作及技巧，提高运动技能。

◆ 著　　　[德] 克里斯蒂安·布劳恩（Christian Braun）
　　译　　　王　琪
　　责任编辑　林振英
　　责任印制　周昇亮

◆ 人民邮电出版社出版发行　　北京市丰台区成寿寺路 11 号
　　邮编　100164　　电子邮件　315@ptpress.com.cn
　　网址　http://www.ptpress.com.cn
　　北京虎彩文化传播有限公司印刷

◆ 开本：700×1000　1/16
　　印张：12　　　　　　　　　2019 年 5 月第 1 版
　　字数：170 千字　　　　　　2025 年 4 月北京第 15 次印刷
　　著作权合同登记号　图字：01-2017-1482 号

定价：68.00 元
读者服务热线：(010)81055296　印装质量热线：(010)81055316
反盗版热线：(010)81055315

目　录

序

巴西柔术的技巧和精神经常被放在一起讨论，它在多种武术的基础上发展而来，是一套行之有效的防身术，并且逐渐成为大众休闲健身的选择。人人都能将体育活动和武术结合起来。

近年来，巴西柔术运动不仅发展迅速，而且几经变革。其他武术的招式、运动学方面的最新研究成果、社会暴力行为的变化，都促进了巴西柔术运动的变革，以适应现代更为灵活的武术系统。正因如此，加之武术系统本身的多样性，至今都没有一本关于巴西柔术运动的教科书能够面世，而克里斯蒂安·布劳恩花了 4 年时间完成了这部填补空白的著作。

对于训练和教学，克里斯蒂安·布劳恩总是精益求精，这是他的性格特征。我从未遇到过任何一位巴西柔术教练，能像他一样分析、设计、评估每个动作的顺序和节奏，将细节做到极致。这种精益求精的精神在这部著作的构思和写作中也有所体现。本书使用了大量的示例和图片，可以帮助巴西柔术运动员和爱好者们学习到各类技巧，并在实践训练中结合使用，有效提高运动技能。

本书在武术运动发展过程中具有重要意义，应当成为每位巴西柔术运动员及爱好者的必备图书。

乔基姆·图姆法特
德国柔术协会青年部技术主管
2005 年 2 月 20 日于德国卡尔斯鲁厄

前言

当我还是一个小男孩时，我就深深地迷上了武术运动。虽然我父亲的一个同事就是一位非常成功的柔道运动员，但是他看到同事饱受伤痛折磨，出于为我的健康着想，所以一直不同意我学习任何形式的武术。因此，小时候我练习了6年舞蹈，并且开始为参加比赛而训练，但是随着我舞伴的放弃，我在比赛中再也找不到任何归属感，我的舞蹈生涯就戛然而止了。在这段时间，我还在学校的校篮球队训练过两年，直到今天我仍然用篮球作为我的热身活动，只不过现在我们打篮球没有什么规则可言，只是一群队员、一个篮球和两个篮筐而已。这种方法是我于1996年在慕尼黑的一个研讨班上，从先进格斗系统机构（Progressive Fighting Systems，PFS）前副主席托马斯·克鲁斯那里学来的，他以前总是强调这样的训练在提高灵活性等方面有诸多好处。

我的舞伴放弃训练时，我只有17岁，我想要寻找下一个挑战。我很清楚自己想要学习武术格斗，但是具体是哪类呢？我走遍了设有武术课程的俱乐部、学校，研究了不同的武术种类。

我开始注意到，柔道选手在地面格斗时专注于将对手摔倒，为此柔道选手自己必须先要能够抓住对手。但是，如果对手快速上前进行击打和踢踹，擒住他已经变得十分困难时，柔道选手应该怎么做呢？

随后我开始关注跆拳道的训练。我发现跆拳道选手十分擅长远距离格斗，他们都能够很好地防御击打和踢踹，与此同时还可以发起反击。但是，如果被擒制住后，跆拳道选手该怎么做呢？当他被对手压在身下时，他该怎么做呢？如果是被枪指着头，我们又应该使用什么样的防身技巧呢？

我还研究了合气道的训练，感受到了合气道大师使用的技巧，我甚至没能成功地抬起或者弯曲他的手臂，当时这让我感到非常的不可思议，现在我知道这些不过都是些技巧，我自己也能掌握。然而，让我痴迷的不仅仅是技巧，还有抱摔的方式。我发现合气道选手常常使用幅度大且速度慢的攻击方式，如果合气道选手受到一个专业拳击手的攻击，我十分怀疑他能否抵御住对方的出拳，或者是否还使用这样扫拳的方式进行防守。在我看来，对于泰拳常常使用的胫骨踢踹（低踢），合气道选手也很难对此进行防守。

虽然这些不同形式的武术都令人着迷，我也很敬佩这些练习者，但是我还是一直更关注于防身的方法。如前面所述，我认为任何一个单独的武术体系都存在局限性，这些体系中都没有一个行之有效的能够抵御持械的防身术，尽管有些时候这些武术体系中也会有一些针对性的训练，但是我个人感觉只是形式而已，并不能在实践中运用。

读者可能会提出疑问：那什么样的训练才能在实践中运用呢？这与我们所面对的器械密切相关。如果一个经过训练的人拿着匕首向你发起攻击，而你又没有器械来进行防御，即使你已经练习了 20 年武术，我也可以肯定你一定会被刺伤。所以，对于我来说，无器械防身术有三条黄金法则：

1. 撤退；

2. 撤退；

3. 还是撤退！

逃跑并不是懦弱的表现，而是聪明的做法，只是在受到攻击时不是人人都有机会跑掉。因此，学习一些技巧来增加逃跑成功的概率才是明智的。我认为抵御器械最好的方法便是使用菲律宾武术体系或截拳。巴西柔术或者巴西角力更适合地面打斗，泰拳则更适合远距离防御。

最佳方式则是将这些体系融合起来。20 年前我并不了解这么多细节，当时一心只想寻找到一种防身术，能够让我在任何距离都能化解别人的持械进攻，于是我找到了巴西柔术。

由于巴西柔术自身体系已经相当完备，故它只能从其他项目中融合为数不多的几个技巧，否则段位考试将太过复杂，以至于根本没有人能学会。因此，为了在不同领域更加精专，尝试不同的训练项目是很好的选择。在持械领域，我跟随杰夫·埃斯皮纳斯和他的一位学员蒂姆·布莱史克一同上课；杰夫·埃斯皮纳斯是卡利斯卡兰项目的创始人、国际卡利武术联合会的技术指导；我也向其他人请教，如鲍勃·布林、麦克·伊内、伊曼纽尔·哈特、保罗·凡奈克，特别是托马斯·克鲁斯。我已经在杰夫和蒂姆那里定期训练长达几年时间了。

1996年我第一次接触到托马斯·克鲁斯（巴西柔术第一段位、PFS副主席）。在传统的柔道课程中，只有几项技巧是关于地面打斗的。托马斯作为黑带选手，当时就给我留下了很深的印象。和托马斯见面之后，我就开始寻找一些训练课程，同时我也有了同顶级选手一起训练的机会，如罗伊·哈里斯（巴西柔术黑带）、奥古斯特·沃伦（实战格斗主教练）。现在我在欧洲巴西角力协会做讲师，也常常和那里的主教练安德烈亚斯·施密特一起训练。

在此我要感谢我的学员萨斯基亚·布劳恩、亚历山大·艾默林、斯文·哈兹、罗伯特·扎韦斯、加比·罗格尔－佐尔特、冈特·哈兹布勒，还有本书的摄影师——我的朋友、学员和训练伙伴沃尔德马·沃达茨。

20年来我在武术领域享受到的乐趣都离不开我的妻子安杰莉卡，她的默默支持让我保持了对于武术的热忱。

克里斯蒂安·布劳恩
2005 年 3 月于德国法兰肯塔尔

什么是巴西柔术和柔术

　　从字面意思来说，巴西柔术是指使用"柔的艺术"来赢得胜利。它起源于武士的徒手防身术，主要包括抱摔、肘锁技和击打技巧。人们逐渐从巴西柔术中分离出了各种技巧，形成了新的武术运动。

　　巴西柔术在很大程度上集合了柔道、空手道和合气道中的最优技巧，并在此基础上发展而来。巴西柔术早期更像是日本武术系统（柔道、空手道、合气道等）中的技巧，随后从站式发展到地面打斗领域，且受到其他武术的影响，例如菲律宾武术中对抗器械的卡利武术、俄罗斯体系中的桑博、巴西体系中的巴西柔术和角力。直拳和阻挡脚踢、三步接触防御动作的顺序和当身技中的持续性，均来源于咏春拳、截拳道以及卡利武术。胫骨踢（低踢）来源于泰拳，也是十分有效的技巧，训练方式则结合了拳击和自由搏击。

　　李小龙曾经说过："吸收一切有用的。"以这句格言为指导方针，巴西柔术自诞生以来获得了长足的发展。

　　巴西柔术能够

在任何距离的打斗中使用（只要在踢、拳、锁、击和地面打斗的距离内即可），并且可以在应对持械攻击（手枪、棍棒、匕首）时缩小与对手的距离，从而进行防御。

礼仪修养

礼仪修养可以分为 4 个部分：

- 道场行为；
- 纪律；
- 整洁度；
- 尊敬。

在了解了柔术以及其他防身术运动的起源时间和地点之后，你会第一次进入训练场地（以下称"道场"），开始学习这项运动的礼仪修养。

进入道场后，受训者首先鞠躬，这表示受训者接受道场的规则，并且将全心全意地投入训练。

学员和教练们在道场聚集在一起。如果内容涉及抱摔，或者是在地上打斗的训练，则需要在地上摆放一块地垫，通常所有人（包括学员和教练们）会一起参与。训练时应当尽量避免迟到。如果迟到了，迟到的人要到教练面前，鞠躬、道歉并解释原因，在得到教练允许后，立刻投入训练。

让我们言归正传。在大家一起摆放好垫子后，教练首先走到垫子上。如果教练是黑带的话，那么大家可以称他为"先生"（在日本对老师的称呼）。在一些日本武术项目中，先生是指高级导师（级别高于黑带五段）。

如果说维护道场礼仪怎样强调都不过分的话，那么无论如何都不能对先生直呼其名，而且在和先生说话时也要时刻保持至少 1 米的距离。

首先，鞠躬是第一位的。如果先生让某位学员协助他进行展示，那么这位学员应当在先生点名时，立刻单膝跪地。当先生开始进行展示时，学员应当站起来，鞠躬，等待下一步指示。

　　我自己尽量不会那么传统，在我的道场里，大家都直接叫其他人的名字。这完全取决于每个道场的先生。但如果我去其他的道场，我就会按照他们的礼仪行事。

　　在先生走上垫子之后，其他的教练和学员也可以走上垫子。在双脚都踏上垫子的时候立刻简单地鞠一下躬，表示自己已经准备好进行训练，并且会尽力做到最好。离开垫子时也要按同样的步骤进行。

　　在训练开始前，先生和学员以及其他教练按照下列方式站好：先生站在垫子的正中间，学员们站在他的前方，教练们站在左侧，按照腰带段位的顺序排列。通常黑带可以不受段位顺序的限制进行排列，这是因为黑带上没有显示段位的标志。对于学员们来说，排序通常是红黑带、蓝带、绿带、黄绿带、黄带，最后是白带。每次训练课的开始和结束时，都要有问候礼。问候礼可以使用站姿或跪姿。为了节省时间，如果先生使用的是站姿，通常他会给站在队列第一位的学员一个手势，这位学员就说："向先生行礼！"先生和学员以及教练们手掌贴近裤缝，放于身体两侧，双脚并拢，简单鞠躬，然后训练就可以开始了。这样的礼仪在不同的道场可能有所不同。

相较于站姿，跪姿则更为传统复杂。我本人也更喜欢跪姿，因为我可以利用这段时间来集中精力思考即将进行的训练或者回顾已经完成的训练。先生首先发出指令"跪坐"。最为传统的做法是，下完命令之后他稍稍向右转，左膝跪地。向右转的传统是有历史渊源的。早年间，日本武士都身着重甲，如果仅仅单膝跪地，他们就会向另一侧摔倒。最早使用左膝是因为武士的剑都挎在身体左侧。如果站在对面的对手拔剑进攻，那么武士自己也可以拔剑防御。左膝跪地后，右腿接着一同跪下，脚趾平坦地放在地上。这时先生便会向下坐，在即将坐在脚后跟上时，他会稍稍起身，将脚面平坦地放在地上，然后坐下。接下来教练和学员们依次坐下。在一些日本武术项目中，例如柔道，行跪姿礼会按照级别段位从高到低的顺序依次进行。

然后跪在前面的人发出指令："开始冥想！"所有人便闭上眼睛，开始冥想。在结束的时候，使用同样的方法来回顾本次训练。约1分钟后，由同一个人再次发出指令："冥想结束！（停顿）向先生行礼！"这代表着冥想完毕，然后需要再次向先生行礼来结束课程。

跪姿问候礼

　　现在，先生、教练和学员们一起鞠躬。首先，左手向前伸出放在垫子上，手臂与垫子呈 45°。最初先放左手是因为武士可以在紧急情况下仍能用右手拔剑。然后右手也放下来。双手（实际上只是指尖）都平放于垫子上后，双方简短地行鞠躬礼。对于武士来说，他们以前会注视着对方，防止对方发动突然袭击。然后抬起右手，放回到右侧大腿上（原因同上），之后左手放回左侧大腿上。先生稍稍欠起身子，再用脚趾抵住地面，坐下来，之后把右腿抬起，右脚平放于垫子上，随后再抬起左腿。在先生站稳之后，其他教练和学员们就

立刻用同样的方法站起来。大家双脚并拢后，站着再简短地行一下鞠躬礼。此时训练就可以开始或者结束了。

还有一种情况需要行鞠躬礼，即两人一起练习前。这里的鞠躬礼是为了表示对对方的尊敬，并且同时向对方说："谢谢和我一起训练。"

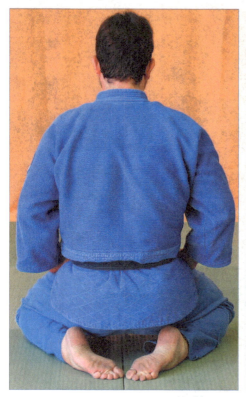

脚的姿势：跪姿问候礼

其次，我认为礼仪修养中"纪律"应排第二位。

我认为最重要的纪律是训练开始后学员要尽量准时到场，迟到时要道歉。除此之外，没有协助收起垫子前，学员不应当早退。另外一点就是要定期参加训练。作为教练，我力争做到准时到达道场，尽量不迟到。如果只有几个学员出勤，其中一个还说他不想参与训练了，我就会自问是不是礼仪修养方面出现了什么问题。现在和 20 年前有很大的不同，学员或是俱乐部成员对先生缺乏尊敬，只是把他当成一位娱乐活动的导师，是否上课全凭自己的主观意愿。尽管时代不同了，但是这项运动的礼仪修养与从前相比并没有什么变化。一名不尊重先生的学员，应当明白自己不能在其先生门下继续训练了。

一些先生会对学员的去留有决定权。如果一名学员想要参加课程，必须先征得先生的同意。只有先生同意了，学员才可以报名。传统的先生一般都不会拒绝。在我的道场里，一般来说学员可以参加任何课程，但是报名的过程必须要经先生同意，报名参加段位考试也要经先生同意。其他项目，例如卡利武术，学员可以自己报名参加段位考试。由先生通知学员他是否能参加考试，如果这名学员不听劝导擅自报名，也就意味着先生与这名学员的师徒关系就此断绝，这名学员只能再寻找一位新的老师了。

训练要在安静的条件下进行，要求全身心地集中注意力，要尊重训练伙伴，在可控的范围内进行技巧训练。不训练的时候，学员应该坐在垫子的边缘。训练过程中，如果一人拍打地板或喊叫，表示自己放弃或者是有疼痛感，训练搭档就必须立刻放开他，停止训练。训练时禁止学员躺在垫子上或是大声嬉笑，否则会因不积极参加课程而受到惩罚。

学员必须执行先生的指示，无论在任何情况下，学员（即使是黑带）都不能给其他人建议或进行教学，除非得到先生的许可。道场内只能练习已经教过的内容，不允许进行其他形式的练习。如果学员需要离开道场（去卫生间、处理伤病、打紧急电话），需要立刻向先生报告。训练时关掉手机是基本纪律，但是在特殊情况下（如需要看护婴儿），先生会适当放宽条件。

在先生示范动作时，学员应当自己寻找合适的角度观摩，以便进行学习。仅仅向先生提议"请转过来一点儿让我看见"是不管用的，尤其是当你还躺在地上嚼着口香糖时。一般训练时不允许进食，除非是患有糖尿病等特殊原因才可以破例。

一些先生还不允许在训练时饮水。有些先生允许，但是不能在训练的垫子上饮水，而是应该背对着垫子饮水。我在训练时会安排专门的休息时间让学员饮水，或者是提前告诉他们可以随时饮水。但是上课时学员如果总是走来走去，会非常影响训练，所以我会把休息时间安排得尽可能合理。特别是在盛夏时节，大家的确需要摄取足够的水，因此对于这方面的礼仪修养，我要求不算太高。

第三点是清洁与卫生。不仅衣服要干净，身上也要保持整洁。关于这一点，我总记着一个小故事。我以前有一个学员，他总是穿一件浅黄色的柔道服（巴西柔术、柔道或跆拳道等项目穿着的束腰外套）。几个月过去了，有一天他穿了一件白色的柔道服来训练，我就问他是不是买了一件新的柔道服，他回答说不是，他只是洗了一下原来的那件柔道服，于是我问他多长时间清洗一次，他说大概两三个月才洗一次。柔道服在训练时都会被汗水浸透，所以每次训练后都应该进行清洗。如果初学者只有一套柔道服，而他每周都会进行几次训练，那么至少应该在周末的时候清洗一次，这样可以保证下一周训练时的清洁度。如果训练强度并没有多大，那么柔道服可以接着穿一次。我自己的习惯是柔道服只穿一次就洗。我妻子总是开玩笑说，如果让她再选一次，她一定选游泳运动员做老公，因为泳衣不需要熨烫，而且清洗和晾干都比较简单。

巴西柔术的规定是必须穿着白色的服装。女选手里面还要穿一件白色T恤，而男选手则不需要。虽然大多数的比赛场合禁止男选手穿着T恤，但是在我自己的训练课上，我不会特别介意。特别是冬天的时候，由于天气寒冷，我非常理解并且同意男选手穿上一件T恤。据我所知，如果一项比赛持续几天，那么在第一天和最后一天，大家必须穿着正确的服装，而中间的几天则完全取决于裁判。如果比赛中不会出现抱摔，或者他们认为柔道服对于抱摔来说不是必需的，那么许多裁判都允许穿着T恤和裤子来进行比赛。

而且，许多先生并不介意训练期间的柔道服颜色（蓝色、黑色，甚至是绿色、红色都可以）。我个人认为放宽这方面的限制是好事，但是穿着正确的服装、按照礼仪修养行事也很有意义。因此，学员在开始上课前应该询问先生关于穿衣的规则。现在有些先生喜欢穿着蓝色的柔道服，训练时在垫子上这种颜色更加显眼。穿着其他颜色的柔道服虽然是不对的，但现在也逐渐被接受。需要强调的是，除了俱乐部或国家协会的徽章之外，柔道服上不能佩戴其他任何装饰性标志。

需要保持清洁的不仅仅是柔道服和腰带，还有身体。按照惯例，训练者应当在踏上垫子前清洁双足，或者穿上干净的袜子。现在仍然不允许在垫子上穿鞋，主要有以下几个方面的原因。

训练中，糖尿病患者如果脚受伤会很难愈合。如果学员脚部有真菌感染，就会被禁止训练，以防传染。如果脚趾受伤，有时还是会被允许穿鞋的，但相当困难。

本书包含菲律宾武术项目的技巧。20年前我们使用仿真的橡皮刀具，现在我们也可以将其运用于两人格斗的训练中（减少受伤概率）。

虽然不是没有可能，但是夺下对手的仿真橡皮刀仍然十分困难，所以现在多使用铝制或木质的仿真刀具。铝制刀具掉落在脚面上十分危险，因此练习菲律宾武术项目的选手通常会穿上摔跤鞋。这样的摔跤鞋也被引入到许多巴西柔术的比赛中。虽然如此，在训练开始前，仍然要先与先生沟通其对鞋子的意见。

训练前必须修剪手指甲和脚趾甲，防止给对手造成伤害，女选手还应该卸妆，以免弄脏对手的衣服。我曾经就与一位化浓妆的女性训练过一次，之后花了很长时间才洗掉柔道服上化妆品的颜色。即使是新的柔道服，在第一次穿着前也应当进行清洗，防止训练时因掉色而将其他人浅色的柔道服染花，我见过很多这样的例子。训练时不应当佩戴首饰。有时对于不易摘取的首饰，例如刚刚打了耳洞放入的耳钉，应当贴上橡皮膏将其抚平。即使如此，也会有很大的受伤风险。在这种情况下有些先生通常会采取一些方法，而有些先生则会坚持让学员等到首饰可以摘掉后再进行训练。在地面打斗时，如果戴着耳环，耳朵十分容易受伤，所以最好还是听从先生的建议。

第四点也是最后一点，即尊敬先生、俱乐部。每位学员都应该尊敬并支持自己的老师。如前文所述，学员自己报名参加考试是不常见的。依据礼仪修养的习惯，通常学员报名需要征得老师的同意。对于参加其他协会或学校举办的考试、训练等，也需要征得同意。做任何决定前与先生沟通是必不可少的，这样便于先生因材施教。

如果一个人只是把学习武术看作一项纯粹的消遣运动，那么上面提到的许多内容对他是不适用的。各国的武术运动都有许多规则，同时许多其他运动也同样要求礼仪修养。例如，两国国家队在进行足球比赛前，队员列队站好，演奏国歌，之后双方队员要相互握手，随后才正式开始比赛，这其实也是礼仪修养的一种表现。

相较于其他运动来说，武术运动的大多数教练回报并不高。因此，他们都希望自己的学员能够自律，按时进行训练，有学习的欲望，并不断提高自己。不规律的训练或者迟到早退都会受到惩罚。

作为一位先生，我总会把训练时解决不了的问题带回家，例如曾经有一个学员无法掌握某个动作的技巧，我可能会在半夜突然想到问题症结所在，到了道场后可以直接去解决。

先生和学员的关系应该就像父子或父女一样。经过几年的训练，"孩子"逐渐长大，有了自己的想法，希望按照自己的意愿行事。然而，我们建议年轻人应该先和"父亲"谈一谈，避免产生争执。

1 简介

20 年前我开始学习柔道时，我学习了所有的护身倒地技巧（正倒地、背负倒、侧倒、挡倒、后倒）和阻挡技巧（小臂向外侧、内侧、上方、外下方、内下方阻挡）。

现在，开始护身倒地训练时，我只进行侧倒教学，因为这是一个武术运动员比赛时最重要的护身倒地技巧。随后我会教授被动阻挡技巧，然后是前滚翻、后滚翻和主动阻挡。这样做的原因是，首先要建立某种反射反应，才能成功掌握这些技巧。先学习被动阻挡技巧的原因就在于这是人类的本能，举例来说，如果别人用拳头打你或者用脚踢你，你自然而然的反应就是伸出一只胳膊来保护自己的头或身体。动作的基本形式，例如姿态 / 步法、闪避和步法移动等，都是这样来进行教学的。

近几年来，没有规则（或规则很少）的比武开始流行。在这类比赛中，不同项目的选手同台竞技。一个没有经过严格地面打斗训练的选手在这种比赛中获胜概率极低。格雷西家族的一位成员，秉承格雷西式的柔术技巧，在这类比赛中取得了巨大的成功。这种形式的比武特点就是地面打斗。与之相似的，许多有巴西角力经验和知识的选手也容易在地面打斗中取得胜利。鉴于地面打斗能力的重要性，许多武术项目开始逐渐吸收这种技巧，拓展自己的招式。而在其他的一些武术项目中，例如咏春拳，传统意义上选手不需要进行地面打斗，但是这些项目也都开始训练如何"对抗地面打斗"的技巧了。

我的系列书籍中也包含了地面打斗技巧，在其中始终贯穿了抓固技巧、自由技巧和终极技巧的一些中心思想。本书主要介绍的是，在地面打斗过程中如何制服对手，以及应对其反抗动作的方式。

我会介绍用来对抗进一步攻击的初级锁技和击打技巧（击打和踢踹）。其中一个技巧就是踩脚踢，这是一个非常实用的技巧，用来躲避攻击。咏春拳中也有踩脚踢技术。除了传统意义上的单次击拳，我们也可以使用连环击拳，这也是咏春拳和截拳道的精髓。这样的连环击拳十分有效，如果运用得当，将难以被攻破。

如果柔术练习者在初期没有学习过对抗和后续的一些技巧，本书可以弥补这些缺失。练习者可以学到如何在一开始掌握主动避免被摔的技巧，以及如何在自己的锁技被阻击的情况下更好地调整状态。

在"自由防卫"这一章中，练习者可以学到使用自由式的综合技巧来防守接触攻击（多种抓技）。这些攻击方法在一类双人比赛中较为常见。世界通行的双人格斗包含一系列的规定攻击动作，参赛者在比赛时互相展示自己的防守技巧。这样的赛制更有利于业余选手，且使比赛具有观赏性。然而，以前最重要的技巧却不太受重视，转而关注其他因素，在这里我就不详述了。但是我发现双人格斗赛制更有利于儿童，通过这种赛制，我们可以测评儿童的综合技巧，并进行比较，相对于常规的拳击比赛（如格斗系统）没有受伤的风险。

接下来的一章将带领练习者在训练课程中进入实际格斗环节。在"自由应用"一章中，我们将逐步增加难度。接受指导后，练习者可以掌握站姿和地面打斗的投技、击打技和踢踹技。第一部分将完成站立时张开手掌的初始训练，目的是让学员学习张开手掌击打对手（不使对手受伤）、有效移动和避免攻击的技巧。

在我看来，我选择的许多综合技巧对于初学者来说难度较大，但我的理念是即使难度很大，也要尽早学会这些技巧。我花费精力设计了一些衔接难度较低的综合技巧，根据练习者自身条件和以往训练知识，来逐步寻找到最适合他们的技巧。

为方便起见，以下用"D"指代防守方，"A"指代攻击方 / 对方。

2 姿势

由预备姿势变为两种格斗姿势：攻击姿势和防守姿势

预备姿势 攻击姿势

2.1 格斗中的攻击姿势

- 防守姿势的向前和向外延伸。

- 身体重心置于前腿（前腿占 70%，后腿占 30%）。

- 明显降低身体重心。

- 主要运用于与击打技巧的连接。

预备姿势   防守姿势

2.2　格斗中的防守姿势

- 防守姿势的向后延伸。

- 身体重心置于后腿（后腿占 60%，前腿占 40%）。

- 稍微降低身体重心。

- 主要运用于防守技巧的连接。

3 步法

3.1 步法转换

向前

站立

预备姿势

后撤

3.2 闪躲动作

迂回

向后方

向侧方

下沉式闪躲

迂回下沉式闪躲

3.3 滑步

向后

向侧方

预备姿势

向前

3.4 保护身体

3.5　一步转身

3.5.1　90° 换步转身

向右　　　　　　　预备姿势　　　　向左

3.5.2　180° 换步转身

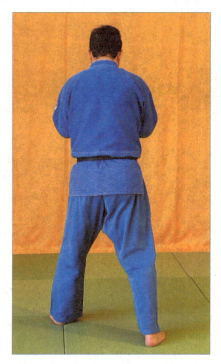

向后

3.6　弓步

向前弓步

向后弓步

侧弓步（左侧和右侧）

侧前方弓步（左侧和右侧）

侧后方弓步（左侧和右侧）

3.7 双步转身

双步转身 90°

双步转身 180°

双步转身 180° （双脚平行站立姿势）

4 护身倒

4.1 侧倒

4.2　后倒背部着地

4.3 前滚翻

5 地面技术（寝技）

5.1 侧方倒地固技（袈裟固）

- 对方背部着地，防守方在他的侧方。
- 一只手抓住对方靠近自己一侧的手臂。
- 另一只手抓住对方的头部或另一只手臂。
- 靠近地面的腿压制住对方靠近自己一侧的肩膀。
- 对方被施加在其身体上的力量所压制。

5.2 身体交叉固技（横四方固）

- 对方背部着地，防守方在上方与其身体呈交叉状。
- 双手抓住对方的头部或肩部。
- 对方被施加在其身体上的力量所压制。

5.3　跨坐固技（纵四方固）

- 对方背部着地，防守方跨坐在对方身体上。
- 双手抓住对方的头部或肩部。
- 防守方双膝和双脚用来限制对方胯部的活动。
- 对方被施加在其身体上的力量所压制。

5.4　挣脱固技

- 由学员自行决定采用的固技以及挣脱固技的化解技巧。

- 防守方扭转攻守，或挣脱攻方压制，化解成功。

- 如攻方未能继续实施抵抗，也算化解成功。

防守时，对攻击方身体的压制和位置做出反应，需要运用到很多地面技术。找到攻击方身体的重心十分重要，这是化解的重点。站姿打斗时身体重量起很大作用，在地面打斗中更是如此。如果两人技术相当，体重越大的选手总是会占有优势。训练时首先应当进行的就是在无抵抗状态下的纯技术练习。经过一段时间后，可以进行一些低强度抵抗的练习，最后再进入全面对抗或比赛模式。对对方四肢的持续性压制是重中之重，但是应当避免纯柔道式的防守，柔道中不允许击、踢等动作。当可以很轻易地化解压制时，多数人会由于疏忽而忘记攻击方可以使用拳击、抓握、踢踹等技巧。

5.4.1　侧方位挣脱固技

1. A 躺在 D 的身体上，身体重心向前倾，后（左）腿侧放。

2. D 右侧卧，用左臂环抱至 A 腹部，抽出右臂尝试挣脱 A 的抓技，这样便能躺在地面上了。接着 D 将双脚向 A 臀部方向移动，此时 D 将 A 完全抓牢。

3. D 抬起臀部，将 A 向右方拉拽。

4. 随后 D 顺势向左翻滚，将 A 翻转到其左侧。

5. 此时 D 呈侧方位。

1. A 坐于 D 侧方，双腿向前伸直，上半身呈直立。
2. D 向左移动双腿，与 A 的身体约呈 180°。
3. 随后 D 身体向前推，将 A 向后推倒。
4. 此时 D 呈侧方位。

1. A侧卧，抵住D的身体，后（左）腿伸出来支撑身体。
2. D向右侧躺倒，双臂抱住A的上半身。
3. D左腿跨在A的左腿上，右腿放在A的左腿的下方。
4. 接着D将A翻转至其左侧。
5. 此时D呈侧方位。

5.4.2　身体交叉方式挣脱固技

1. A 将身体重量压在 D 上半身上。
2. D 的双脚放于地板上，双腿屈膝，将 A 向上弹起（臀部迅速向上抬起）。
3. 臀部放下后，向左侧翻身，用右手找到 A 头部的左侧，抓住 A 的头部，向下拉拽。

4~5. 然后按顺时针方向使劲。

6. 直到双方呈交叉姿势。

1. A将身体重量压在D上半身上。

2. D的双脚放于地板上，双腿屈膝，将A向上弹起（臀部迅速向上抬起）。

3. 臀部放下后，向右侧翻身，用双手抓住A的左侧大腿。

4. 然后向内侧拉拽。

5. 使A背部着地。

6. 用上半身压住A的上半身。

1. A将身体重量压在D的上半身上。D的双脚放于地板上，双腿屈膝。

2. 将A向上弹起（臀部迅速向上抬起）。

3. 臀部放下后，D用右小臂抱住A的腹股沟，腾出更多空间。D将左臂放在A左臂的前方，也就挡住了A的左臂。

4. 之后，D将右臂放在A双腿之间，逆时针方向使劲，将A向其左侧拉。

5. 将A的双腿向后拉，并将A的臀部抬起。

6. 把A翻转过来，使其背部着地。

5.4.3 跨坐姿挣脱固技

1. A跨坐在D身上，双手抓住D的领子。
2. D用左手将A的右手压向自己的胸口方向。
3. 随后D把右手放在A的左肘后方，这样 A就无法从阻挡动作中逃脱。D把左脚放 在A的脚/腿旁，用来阻挡A的脚/小腿， 把右脚靠在自己的臀部。

4. D髋部向上顶起，将A从左肩方向翻倒。

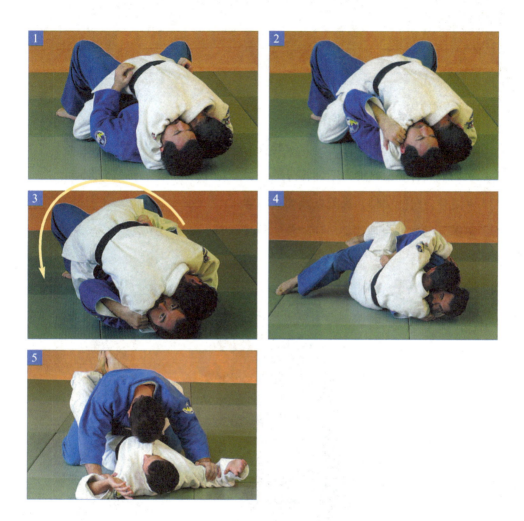

1. A 跨坐在 D 的身上，右臂在 D 的脖子下方，即将使用束颈技巧。

2. D 用左臂压住 A 的右臂，同时头部向下方使劲，阻止 A 将手臂从 D 脖子下方抽回。D 把左脚放在 A 的脚 / 腿旁，用来阻挡 A 的脚 / 小腿，把右脚靠在自己的臀部，把右手放在 A 的左臀部。

3. D 臀部向上顶起。

4~5. 将 A 从左肩方向翻倒。

6 综合练习

- 双方保持适当的对抗距离。
- 一方使用击拳技巧向另一方发起攻击。
- 如果只有轻微接触，不计算分数。
- 防守方只能移动、躲闪以及被动防守。
- 得分标准：合理移动、正确使用技巧、时机掌握、距离感、全局观和动态的执行。

7 综合技术

下列技巧应当组合使用，用以对抗各类攻击。

本书展示的综合技巧仅作为示范，用于鼓励感兴趣的练习者。

7.1 防守技术

7.1.1 使用小臂阻挡的被动防守技术

- 小臂靠近头部或身体，用于阻挡该部位受到的攻击。

- 防守技巧应当与合理的移动相结合。

7.1.1.1 头部高度（外侧）

1. D 使用左臂阻挡，向上、向外用力来进行防守。
2. D 的左臂将 A 出拳的手臂压至腰部，右手从下方出掌对 A 进行攻击。

3. D 向左前方 45°方向迈出弓步，右腿放在 A 右腿后方，翻转 A 的身体，用右手按住 A 的下颌，将 A 绊倒。

4. D 使用内伸臂锁固技，左膝跪压在 A 脖颈处，右膝跪压在 A 胸部下方，双膝压制住 A，整套组合技术完成。

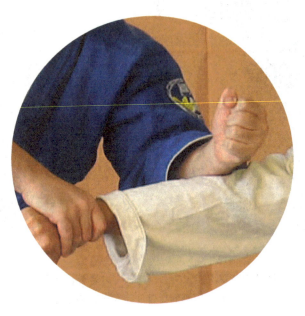

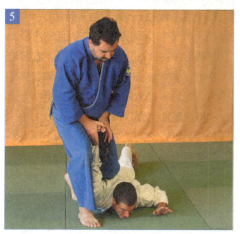

1. D使用左臂阻挡,向上向外用力进行防守。
2. D使用三步接触法制服A发起攻击的手臂。右手伸到A右臂的下方。
3. 右手向内拉A手臂,并抓住他的右手腕,同时左小臂放在A的右手肘上。
4. 使用伸臂锁将A按倒呈俯卧姿势。
5. D用左膝压住A两侧肩胛骨的中间,使用腕锁将A制伏。

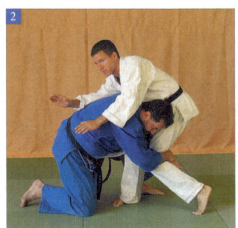

1. D 使用左臂向上向外用力进行防守。
2. 使用类似巴西角力中的双手月型扫拳，接着 D 将左腿放到 A 的右腿旁，右膝跪在 A 的前方，双手环抱住 A 的膝盖并施力，此时 A 的双腿呈"X"形。
3. D 继续施加力量，使 A 倒地。
4. 然后立刻以交叉姿势压制住 A 的上半身。
5. D 使用弯臂锁，整套组合技术完成。

7.1.1.2 半身高度（外侧）

1. D 为防守站姿，双臂上举。
   A 使用上勾拳，向 D 胸腔下部出拳，D 将左臂向身体方向回扣以保护胸腔下部（向下向内侧进行阻挡）。
2. D 将右手抽出，放在 A 脖颈后方，将 A 的身体向前拉，同时用膝盖踢向 A 的上半身。

3. D将左手从A的右臂下方抽出，放在A肘关节上方，使用转向伸臂锁。

4. 然后将A向前摔倒，使A腹部触地。

5. D跪在A的头上，抓住A的双臂，使用肩膀锁。（注意：虽然看起来很像是伸臂锁，但由于主要力量置于肩膀处而非肘关节，所以仍然是肩膀锁。）

1. D 为防守站姿，双臂上举。
   A 使用上勾拳，向 D 胸腔下部出拳，D 将左臂向身体方向回扣以保护胸腔下部（阻挡），
   同时右拳击向 A 下颌。

2. 使用三步接触法，D 将 A 的出拳手臂向下向内侧拉，成功使用阻挡技巧。此时 D 的右
   臂在 A 的右臂下方，D 顺势向下向内侧（逆时针）转身。

3. D 向上抬起右臂，从 A 左侧环绕住 A 的脖颈，同时左脚向前 45° 方向斜跨一步，左拳
   抵住 A 右侧肾脏位置，迫使 A 弯腰，此时 D 的双臂均指向 A 的方向。

4. D 将 A 向后摔倒。

5. D 用左手将 A 的脸向 A 左侧推，用右手抓住并控制 A 的右臂。

6. D 的左腿跨过 A 的头部。

7. D 的右腿跨过 A 的腹部，最终以身体交叉的姿势使用伸臂锁，完成整套组合技术。

1. D为防守站姿，双臂上举。A使用上勾拳，向D胸腔下部出拳，D将左臂向身体方向回扣以保护胸腔下部（阻挡），同时用右手拇指按住A的左眼。
2. D右手放在A脖颈的后方。
3. D将A的头部拉至自己的左侧腋窝处，同时自己的右手背也到达左侧腋窝下方。
4. D用左臂环绕住A的头部，左手抓住自己的右手腕，使用窒息控制技术。D将双膝合拢（防止自己的生殖器官受到攻击），伸展自己的身体，将力量传导至后颈。

7.1.1.3 半身高度（内侧）

1. A 使用拇指向 D 太阳神经丛（腹部心窝处）发起攻击。
2. D 向内侧阻挡应对，同时用右手抓住 A 的脖颈后部。
3. D 用右膝踢向 A 的右侧大腿。
4. 使 A 的右腿不再承重，然后 D 用左手将 A 的右臂拉向内侧，接着用右脚向 A 的脚踝处扫踢。

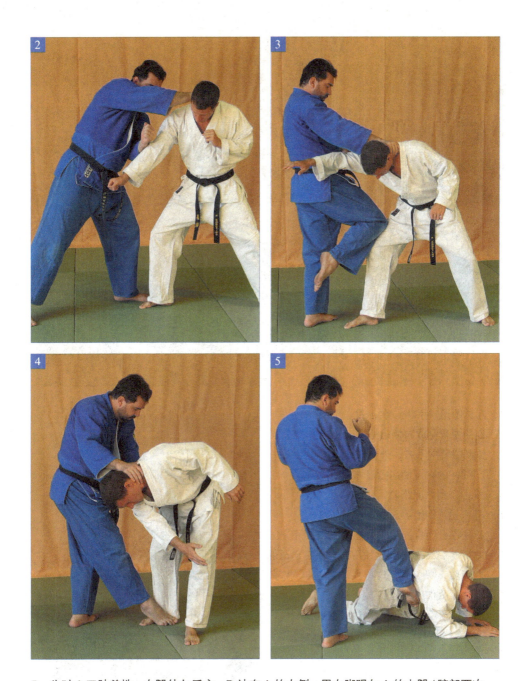

5. 此时 A 四肢着地，右腿伸向后方。D 站在 A 的右侧，用右脚踢向 A 的大腿 / 髋部两次。

1. A试图用双手将 D 向后推。
   D 用左臂完成内侧阻挡。
2. D 将左臂向下方、外侧移动。
3. D 对 A 的右臂使用扭转伸臂锁技巧。
4. 然后 D 用右膝踢向 A 的头部。
5. 将 A 扭摔倒地。
6. D 呈跨坐姿势，双腿缠在 A 的双腿下方，然
   后将右手放在 A 的脖颈后方，抓在自己的
   左臂肱二头肌处。D 将左手放在 A 的前
   额处，D 的右肩抵着 A 的下颌，向前用力，
   使用锁颈扣，整套组合技术完成。

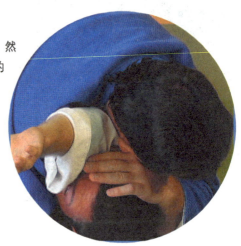

1. A 用右脚踢向 D 的腹部。

   D 用左臂完成内侧阻挡，并且用右臂保护自己的头部，防止 A 进行反手攻击。

2. D 反身向左侧迈出弓步，用右腿的胫骨踢向（低踢）A 的大腿内侧。

3. 然后 D 用左拳猛击向 A 的头部。

4. 接着 D 用右手上勾拳击向 A 的下颌。

5. D 左腿后撤，用右腿胫骨再次踢向 A 的大腿
   内侧。

7.1.2　使用小臂阻挡的主动防守技术

- 使用小臂的内侧（尺骨）或外侧（桡骨）来进行防守。
- 用来防守手臂的手掌可以展开或握紧。
- 防守技巧应当与合理的移动相结合。

7.1.2.1　内侧向

1. A 使用匕首，从上向下挥进行攻击。
2. D 用左小臂向内侧进行阻挡，同时用右手抓住 A 的手腕，防止 A 抽回。

3. D用右手迫使A的手腕向下方内侧移动，直到匕首指向地面，这期间要用力抓住A的拇指。

4~5. D用左手夺下匕首，解除A的武装。

1. A 使用反手击向 D 的头部。
2. D 使用左小臂向内侧进行阻挡，右手保护住脸部并挡住 A 攻击的手，防止 A 抽回。
3. D 使用左手，将 A 的右小臂向下方外侧阻挡。
4. 使用扭转伸臂锁。D 使用右手将 A 的头部向下方 45° 方向按压，使 A 无法抓住 D 的双腿。
5. D 将左腿抬至 A 的头部上方。

6. 使用扭摔将 A 摔倒在地。

7~8. D 抓住 A 的右臂，在 A 身上跨坐。

9. D 将右膝压在 A 的左臂上面。

10. D 将左脚直接放在 A 的头部左侧（脚尖向前），用左腹股沟部位使用伸臂锁。

1~2. A 用右脚踢向 D 的腹部。D 向后 90°
转身并撤退，同时左小臂向下、向内
侧进行阻挡，右手保护头部。

3. 紧接着用右手掌击向 A 的头部。

4. D 左腿后撤一步。

5. D 抬右腿用胫骨踢向 A 左大腿的后侧，
整套综合技术完成。

7.1.2.2　外侧向

1. A 使用匕首向 D 挥动，刺向 D 的脖颈。D 用左小臂向外侧进行阻挡，同时用右手掌猛击 A 的眼睛部位。

2~4. D 用右手将 A 持有匕首的手向上、向外侧阻挡。

5. 使匕首指向地面，这期间 D 要用力抓住 A 的右手拇指（迫使 A 松开匕首）。D 的左小臂靠近匕首刀背。

6. D 使用左小臂施加压力，夺下匕首。

7. 此时 D 的左小臂与 A 的右小臂接触。D 用右臂挡住 A 的左臂，用左臂迅速向下 45°方向拖拽（迫使 A 迅速向前）。与此同时，D 可以直接向 A 的头部发起攻击。

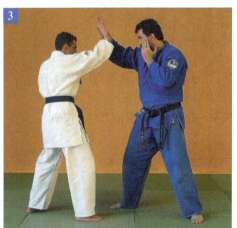

8. D 用右手抓住 A 的脖颈，左手放在 A 的后背下方。

9~10. D 的右手向后施力将 A 摔倒。

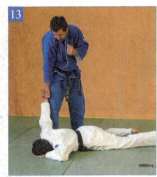

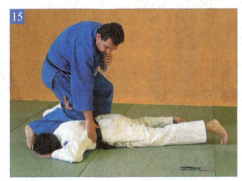

11. Ｄ用左手抓住Ａ的手腕，右手放在Ａ的肘关节处。

12~13. Ｄ按住Ａ的肘关节并拉住其手掌，拖拽Ａ，
　　　　使Ａ翻转至腹部着地。

14. Ｄ将右腿放在Ａ右臂上方，将Ａ的手臂
　　绕于Ｄ右腿上。

15. Ｄ使用身体交叉式臂锁，完成整套综合
　　技术。

1. A出左拳向内击打，D用右小臂向外阻挡。
2. A再出右拳向内击打，D用左小臂向外阻挡。
3. D用双手抓住A的头部。
4. D用自己的头部去撞击A的脸部。

5. 使用类似巴西角力中的双手月型扫拳。接着 D 将左腿放到 A 的右腿旁，右膝跪在 A 的前方，双手环抱住 A 的膝盖后施力，使 A 的双腿呈"X"形。

6. D 向 A 的双腿施加力量将其抬起，使 A 向后摔倒。

1~2. A向前踢向D的腹部。D用右小臂向下、向外侧阻挡，同时使用左手保护头部。

3. D右脚置于A右脚后。

4~5. D左脚向后弧步，向A的右肩发力，使A身体失去平衡，并回旋使A倒下。

6~7. D呈侧卧位，此时A的右臂被D夹在D的身体右侧和右侧大腿中间。D的左手放在A头部的左侧。

8. D用左膝踢向A的头部，整套综合技术完成。

7.1.3　用手掌阻挡的防守技术

- 防守中使用摊开但保持紧绷的手掌。
- 根据情况选择使用手掌、手背及手的外侧、内侧或关节。
- 防守技巧应当与合理的移动相结合。

7.1.3.1　扫手技

1. A 右手出直拳击向 D 的头部。
   D 使用左手向内侧扫（手指内扣）。
2. 然后 D 顺势将左手顺时针绕过 A 的小臂。
3. 同时 D 的右手抓住 A 的后脖颈。
4. D 用右脚踢向 A 的左膝。
5. D 使用扭转伸臂锁将 A 放倒，使 A 无法动弹。

1. A 右手持棍子从内侧发动
   攻击。

2. D 使用左手背向外侧挡开
   棍子（手指内扣）。

3~4. D 使用蛇式动作解除
   A 的装备。

5. D 的左手抓在 A 肱三头
   肌的下方，用右肘击向 A
   右臂的肱二头肌。

6. D 左手抓牢后将 A 的右臂向右侧、外侧拉。然后用右拳击向 A 右侧腰部。

7. 然后 D 用右手拇指按住 A 的右眼位置。

8. 随后 D 伸左拳击向 A 的右下颌。

  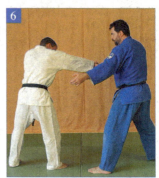

1. A右手持匕首从外侧上方刺向D的脖颈处。
2. D用右手以对角方向向右外侧进行阻挡（手指内扣）。
3. D将左手放在A右肘的下方，将右手和右臂按在A右臂的上方。
   同时，D用手指或手掌猛击向A的双眼部位。
4. D用右手沿着A的右臂，抓住A右手的关节处。
5. D用右手将A拿着匕首的手拉向自己的左臂。
   同时左臂伸直，让匕首刀背一侧靠在自己左臂的肱二头肌上。
6. D将A的右手拉过自己左臂的肱二头肌，解除A的武器。

7. D 用左臂缠绕 A 的右臂。

8. D 将左臂放在 A 的右肘上，使用伸臂锁技巧。

9. D 使用伸臂锁向 A 施加力量，将 A 放倒。

10. A 倒地后，D 用左臂缠绕 A 的右臂，同时用右手按住 A 的左肩胛部位（使 A 无法翻身或肘击）。

11. D 用左手向 A 抬起的右大臂施加力量，使 A 向前移动并站立起来。

12. 然后 D 使用交叉手臂固技（使用弯臂锁让 A 移动）。

1. A用右脚半回旋踢踢向D的上半身。D使用右手阻挡A的攻击腿（扫手技）。

2. D将A的脚向外挡。

3. 此时A背对D站立。

4. D用左腿胫骨沿斜上方45°踢向A的右侧大腿后部。

5. D双手抓住A的头部。

6. D向下拉A的头部，然后用左膝盖顶向A的头部。

7~8. D右手用刀手劈向A的头部，整套综合技术完成。

1. A使用匕首向上刺向D的脖颈内侧。
2. D用右手指猛击A的双眼，同时左手斜扫阻挡A右手的攻击。
3. D的右手抓住A的右手。
4. D向内侧拉A的右臂，使出内旋弯曲手腕锁。
5. 然后D用左手夺下匕首。
6. D使用伸臂锁将A摔倒，并且使其无法动弹。

1. A 用手枪指着 D 的胸部。

2. D 用左手内侧扫进行阻挡。

3. D 反推手枪指向 A，或使出腕锁技，或夺下手枪。

4. D 将 A 拉向左外侧，解除 A 的武装。

1. A 使用匕首从上方朝 D 的头部刺去。
2. D 用左手向下方扫进行阻挡，同时伸开右手用手指猛戳向 A 的眼睛。
3. D 用右手从下方抓住 A 的拇指，让 A 松手。
4~5. D 用左手夺下 A 的匕首。
6. D 后撤左腿。
7. 然后使用半回旋踢踢向 A 的头部，完成整套综合技术。

7.1.3.2　阻挡肩膀技

1.　A 使用右拳（交叉击打）向 D 的头部发起攻击，D 对 A 的右肩进行阻挡。

2~3.　D 按下列步骤使出扭转摔。

- 右手向内侧抓住 A 的脖颈后部。
- 左手将 A 的右臂向上抬。
- 右手将 A 的头部向内转。

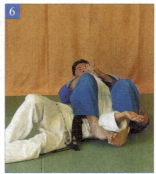

4~5. D 将 A 的头部继续向内侧拉，并且使用扭转摔将 A 摔倒。

6. 最后使用交叉伸臂锁，完成整套综合技术。

1. A 使用右拳（交叉击打）向 D 的头部发起攻击。

   D 对 A 的右肩进行阻挡，同时用左手保护自己的头部。

2. D 出左拳（交叉击打）攻击 A 的下颌。

3~4. 然后用右拳锤向 A 的左侧脖颈处。

5. D 左腿向左后方撤一步。

6. D 用右腿胫骨踢向 A 的大腿内侧，完成整套综合技术。

1. A 从右上方向下挥棍子攻击，D 对 A 的右肩进行阻挡，同时用左手保护自己的头部。

2~3. D 用右手将 A 持棍的右手向下方外侧阻挡。

4. D 切换左手抓住 A 持棍的右手的手腕。

5~6. D 用右小臂解除 A 的武装。

7. D 将自己的右臂绕在 A 的右臂上，然后抓住 A 的胸部右侧。

8~9. D 随后站到 A 的身后。用右手抓住 A 左侧衣领，左手勒住 A 的脖颈，双手同时发力，
使出勒绞技。

7.2　当身技

7.2.1　手掌根部技术

- 当身技需要运用手掌的根部。
- 进行击打的部位是手掌根部，击打前手掌猛向后翻。
- 击打时手指轻微弯曲。
- 适用于直臂击打或交叉击打。

7.2.1.1　交叉击打

1. A用右手手掌打向D的左脸。
   D使用左小臂向外阻挡，然后抓住A攻击手臂的肱三头肌处。
2. D使用右手掌根处击向A的下颌。

3. 随后 D 用右手抓住 A 的左肩。

4~5. D 用腿绊倒 A。

6. 最后 D 出直拳击向 A 的头部，完成整套技术。

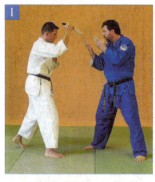

1. A 使用匕首从右上方刺向 D 的头部。
2. D 使用左小臂向外侧进行阻挡。
3. D 使用右手掌根部击向 A 的头部，同时将 A 的右手按逆时针方向向下扭。

4. D 抓住 A 右手的拇指，使 A 松手。

5~7. D 用左手夺下 A 的匕首。

  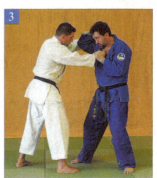

1. A勒住D的脖颈，同时出左拳击向D的头部。
2. D向上耸肩，使A无法完成勒绞技，并用左手将A的右臂轻轻向下拉动。
3. 然后D用右臂阻挡住A左臂的攻击（被动阻挡）。
4. D使用右手掌根击打A的下颌。
5. 然后D将右臂放在A右臂上方，使用弯臂锁。
6. D用左手将A的脸部按逆时针方向向后推。
7. D使用锁颈扣将A摔倒。
8. D出直拳击打A的头部，完成整套综合技术。

7.2.1.2　手掌根部击打

1. A 直踢向 D 的上半身，D 使用内侧阻挡。
2. 同时 D 向后 90° 转身。
3. D 使用手掌根部击打 A 的头部。
4. D 将左腿后撤一小步。

5. 然后 D 使用右腿胫骨（低踢）踢向 A 左大腿的后部。

6. 接着 D 逆时针转身。

7. D 将左腿放在 A 左腿的后面。

8. D 使用扫腿，将 A 摔倒在地。

1. A右手持匕首向下朝D的脖颈刺去。
2. D右手向下方外侧扫去，进行阻挡。
3. D的左手抓住A的肘部。
4. D用右手掌根击打A的头部。
5. D将右手抽回抓住A右手拇指，让A松手。
6. D将A右手顺时针向下方翻转，使匕首指向地面。
7. D将左手靠向匕首刀背一侧，将匕首向上抬起，解除A的武装。

7.2.2　冲拳技术

● 必须沿直线向目标出拳。

● 使用冲拳的方式如下。

单次击拳时，力量大部分来自于从髋部向上的冲力，食指和中指的关节处作为击拳点。

连环击拳时，力量来自于身体的中心，从食指到小指，每个关节处都作为击拳点。

1. A右腿胫骨踢向D的左大腿，D用膝盖进行阻挡。
2~4. D连环直拳（逐个）击向A的脸部。
5. D双手拇指按住A的双眼。
6. 随后D双手抓住A的脖颈。
7. D用头撞击A的脸部。
8. D用膝盖踢向A的裆部。

9~11. D 将 A 的身体向地面拽。

12. D 为跨坐姿势，将双腿盘在 A 的双腿下方，右小臂放在 A 脖颈下方，右手够到自己左侧肱二头肌处，左手放在 A 的脸上，右侧脸颊贴着自己的左手背，然后用右肩顶住 A 的下颌。通过身体前压，增加锁颈扣的力量，同时增强肩膀对下颌骨的压力。

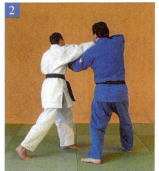

1. A 左脚在前，使用右手直拳（摆拳）击向 D 的头部。
   D 用右臂被动阻挡（敬礼式阻挡）。
2. D 用左勾拳击向 A 的下颌。
3. 随后 D 用右手直拳（摆拳）击向 A 腹部。
4. D 将左脚后撤。
5. 然后 D 使用胫骨踢向 A 在前的腿部，完成整套综合技术。

1. A左脚在前，出左拳（猛击）。D用右臂扫向内侧进行阻挡。

2. A接着出右拳（摆拳）。D用左臂再次进行阻挡。

3. D出右拳击向A的下颌。

4~6. D紧接着抱紧A的双腿将其摔倒。D右膝跪地，将左腿放在A右腿旁边，双手环抱住A的膝盖后方施力，此时A的双腿呈"X"形。D施加力量，使A向后倒下。

7. D 呈侧卧位。

8. D 迫使 A 的右臂靠近脖颈。

9. D 将 A 的头部按向自己的右大臂（约在肩膀高度），右臂环绕在 A 的脖颈下方，用自己的左手抓住右手手腕处。此时，D 与 A 平行躺在地上，使用锁颈扣。

7.2.3 击打技术

● 拳以半圆路径击向目标。

● 任何角度都有要害部位。

● 击打的方式如下：使用勾拳或拳背（食指和中指的关节处作为击打点），或使用锤拳，以小指处作为击打点。

1. A 向前站立，双手抓住 D 手腕。
2. D 将自己的左肘抬起到 A 的右肘处，挣脱 A 的束缚。
3. D 使用左拳背面击向 A 的鼻子。

4. 然后 D 左臂向内侧下方弯曲，以此来阻挡 A 的双臂（D 的身体向前倾）。

5. D 接着用右拳（摆拳）击向 A 的下颌。

6. D 从右侧环绕抓住 A 的脖颈。

7. D 用膝盖踢向 A 的头部。

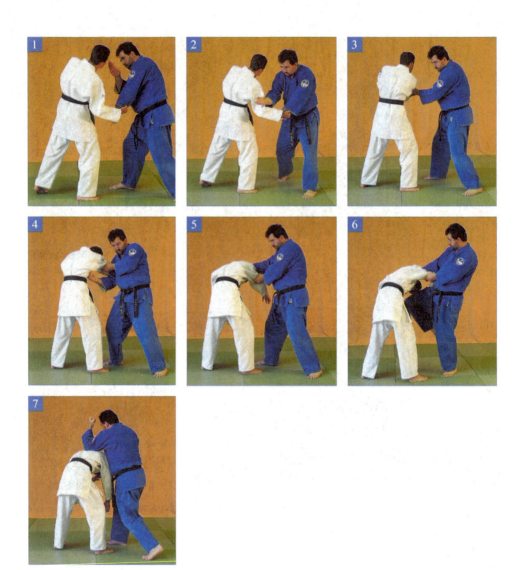

1. A 右勾拳击向 D 的脾脏处。D 使用左小臂向下方外侧进行阻挡，同时用右手猛击向 A 的眼睛。

2. D 继续用右手将 A 右臂向内侧拉。

3. D 的左手辅助右手动作。

4. D 用右勾拳击向 A 的肝脏处。

5. 然后用右手抓住 A 的脖颈，向下方拉。

6. 使用膝盖顶向 A 的头部。

7. 用肘部向下击打 A 的脊椎，完成整套综合技术。

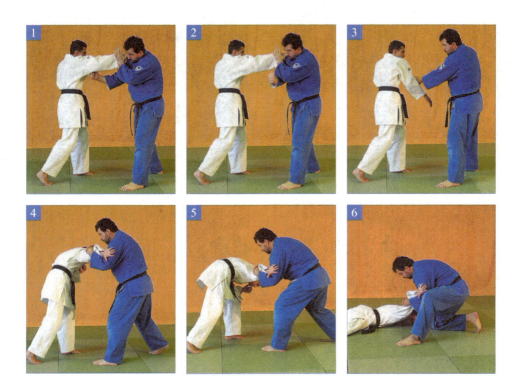

1. A 左腿在前，出右拳（摆拳）击向 D 的头部。D 左手向内侧进行阻挡，同时出右拳击打 A 右臂肱三头肌处。

2~3. D 用左臂将 A 的右臂向外侧下方拉。

4~5. D 使用扭臂锁（伸臂锁）。

6. 此时 D 将 A 摔倒在地，使其无法动弹。

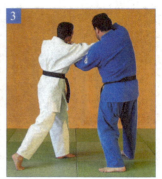

1. A 左脚在前，出左拳（猛击）。D 用右臂扫向内侧进行阻挡。

2. A 紧接着又出右拳（摆拳）。

3. D 又扫向右外侧进行阻挡。
   D 用自己的右臂将 A 的右臂向上抬，接着左勾拳击向 A 的下颌。

4. D 趁机用右脚扫向 A 没有受力的右腿。

5. 然后 D 用膝盖踢向 A 的肋骨处或头部，完成整套综合技术。

7.2.4　膝盖技术

● 当身技中使用抬起弯曲的膝盖。

● 可以采用直击（踢）方式，或者半弧线型运动（猛击），横向或纵向均可。可与不同方向拳法配合使用。

7.2.4.1　膝盖踢

1. Ａ身体前倾，抓住Ｄ双手手腕。

2. D 双手同时挣脱（向 A 的拇指方向）。

3. D 迅速抓住 A 的手腕。

4. D 将 A 拽向自己，同时膝盖踢向 A 的上半身。

5. D 用右手抓住 A 的脖颈。

6. D 将 A 的头部拽向自己左侧腋窝处（右手也在腋窝处）。

   ● D 左手绕到 A 的脖子下方，抓住自己的右手腕。

   ● D 将双膝并拢，保护自己的裆部。

   ● 使用向前的头部固技，完成整套综合技术。

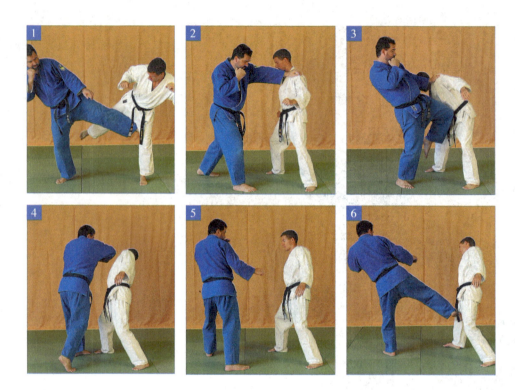

1. A 用右腿胫骨踢（低踢）向 D 的左侧大腿处。D 右腿向右迈出弓步，同时用自己的左腿胫骨踢向 A 的左侧大腿内侧。

2. D 用左臂抓住 A 的左肩。

3. 然后 D 用左膝盖踢向 A 的上半身。

4. D 用右肘击打 A 的头部。

5. D 将左腿后撤一步。

6. D 使用胫骨踢（低踢）向 A 的右侧大腿处，或是回旋踢向 A 的头部，完成整套综合技术。

7.2.4.2 使用膝盖猛踢

1. A 左拳出击（猛击），D 用右臂向内侧扫，进行阻挡。
2. A 紧接着右拳出击（摆拳）。
3. D 用左臂向内侧扫，进行阻挡。
4. D 右手抓住 A 的脖颈，向内侧下方拉。

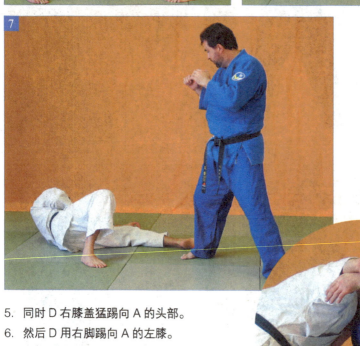

5. 同时 D 右膝盖猛踢向 A 的头部。
6. 然后 D 用右脚踢向 A 的左膝。
7. 使 A 倒向后方。

1. A从正面抱住D，夹住D的双臂。
2. D用右脚（重踩）踩向A的左脚面。
3. D双手放在A的髋骨上，将A向下向后推。
4. 此时D用右膝盖猛顶A的裆部。
5. D将左臂顺时针绕在A的右臂上，使用扭臂锁（伸臂锁）。
   D用右手将A的头部向下方按，以防A向自己的腿部发起攻击。

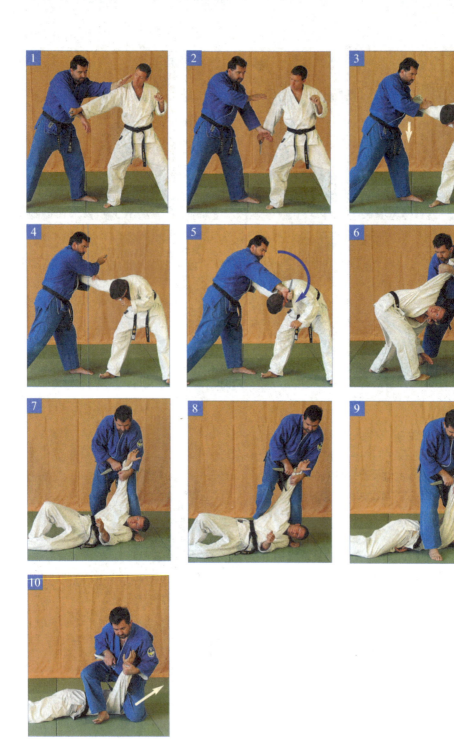

1. A 使用匕首，在髋骨高度从左向右刺向 D。

   D 用右小臂向下方外侧进行阻挡，同时用手猛戳 A 的双眼。

2. 随后 D 用左手向外侧扫，进行阻挡。

3. D 使用扭臂锁（伸臂锁）。

4. 解除 A 的武装。

5~7. D 将 A 扭摔倒地。

8. D 右腿跨在 A 的上半身上。

9. 将 A 转至腹部着地。

10. 使用伸臂锁完成整套综合技术。

7.2.5 跺脚踢技术

● 抬起膝盖，然后伸直腿部，从髋部发力。

● 脚向外转，使用脚掌踢向目标。

● 通过猛踢膝盖、大腿、腹股沟处，可以阻止对手向前移动，或者破坏对手的平衡。

1. A 向 D 的脖颈处发起攻击。D 使用左脚踢向 A 的右侧腹股沟处。

2. D 接着用右拳（摆拳）击向 A 的头部。

3. 同时左拳（猛击）击向 A 的腹部。

4. D 将左腿后撤一步。

5. 紧接着 D 使用回旋踢踢向 A 的头部，完成整套综合技术。

6. 或是使用右腿胫骨（低踢）踢向 A 的腿部。

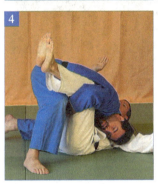

1. A 使用右腿胫骨（低踢）踢向 D 的左大腿。
   D 使用左脚跺脚踢踢向 A 的右侧腹股沟处。

2. D 出右拳（摆拳）击向 A 的头部。

3. 接着使用双腿绊。D 将左腿放到 A 的右腿旁，右膝跪在
   A 的前方，双手环抱住 A 的膝盖后方施力，此时 A
   的双腿呈"X"形。

4. D 施加力量，使 A 倒地。

5. D 此时呈侧卧姿势，使用弯臂锁，完成整
   套综合技术。

1. A从正面用脚踢向D的腹部。D的左小臂向内侧下
   方进行阻挡，同时转身90°向后撤退。
2. 接着D使用右脚踩脚踢踢向A的膝盖后方。
3. D用脚踩住A的膝盖后方，使A无法站起。
   使用头部固技，完成整套综合技术。

7.2.6 前踢正弹踢技术

- 抬起膝盖，然后伸直腿部，用脚踢向目标。

- 接触点可以是脚背、脚趾或是脚跟处。

- 使用前踢的方式：从髋部、膝盖或二者同时发力，迅速沿直线向前踢出（正弹踢），或迅速沿弧线踢出（上踢）。

- 腿踢出时保持腿水平甚至更高。

1. A 使用胫骨踢向 D 的左侧大腿。

2~3. D 及时将左腿撤回，并且右臂向外扫向 A 的攻击腿。

4~5. D 使用正弹踢踢向 A 的臀部，或使用上踢从后方踢向 A 的裆部，完成整套综合技术。

1. A 向 D 的颈部发起攻击。

2. D 将 A 的双臂向下压进行阻挡。

3. D 右脚脚面向上,踢向 A 的裆部。

4. 接着 D 出右拳(摆拳)击向 A 的头部。

5~6. D 右手从 A 右侧抓住 A 的脖颈,将 A 的头部向下按,并抬右膝盖踢向其头部。

7. 然后,D 将左腿后撤一步。

8. D 使用胫骨(低踢)踢向 A 的前腿,完成整套综合技术。

7.3 杠杆原理技术：锁技

7.3.1 伸臂锁

（对手倒地时使用）

- 拉拽手腕，向肘关节施加压力，拉伸对手的肘关节。

- 当对手倒地时，防守方对其使用杠杆锁。

- 防守方无须躺倒在地上。

- 使用杠杆固技的方式：当对手倒地时，任何锁臂技术均可使用。

- 这类技术在对手站立或倒地时的使用方法类似（如两人身体十字交叉时的锁技）。

7.3.1.1 站姿时的应用

1. A 使用棍子从右上方向下击打 D 的头部。
2~3. D 使用三步接触法，在内侧阻挡攻击手臂。
   - 左小臂向外侧阻挡。
   - 右手放在 A 右臂的下方。
   - 右臂将 A 的右臂扫（类似雨刮器的动作）向自己的右侧。
   - 然后左手抓住 A 的右肘。
4. D 的右手抓住 A 的右手腕。
5. 拉拽 A 的手腕，A 的手臂被拉直。D 向 A 手肘处施加压力，即完成站立姿势的伸臂锁技巧。
6. 运用这个锁技，D 将 A 按倒在地。

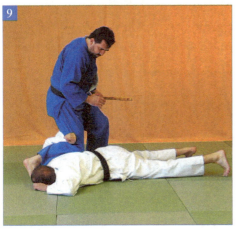

7~8. D 将自己的右腿压在 A 的右臂上。

9. 将 A 的右臂绕在自己的右腿上，之后使用缠
  绕锁技，完成整套综合技术，使 A 无法动弹。

1. A 抓住 D 的双侧衣领。

2. D 出右拳（摆拳）击向 A 的腹部，同时用左手抓住 A 的右手腕。

3. D 将左手肘伸到 A 的右手臂上方。

4. 同时 D 右手也抓住 A 的右手腕。

   然后 D 向右侧跨一小步。

   用左臂对 A 的手肘施加向下的压力，然后运用锁技（伸臂锁）。

1. A 使用棍子从 D 左侧击向 D 的头部。
2. D 用左手将 A 持棍手顺时针向下方外侧阻挡（扫）至自己左侧。
3. D 使用扭臂锁（伸臂锁）。
4. 沿直线将 A 拽倒在地。
5. D 用右手解除 A 的武装。
   再使用扭臂锁（伸臂锁）将 A 制服在地面上，使其无法动弹。

1. A抓住D对角侧的手腕（A伸右手抓D右手腕）。
2. D左脚踢向A右侧胫骨。
3. D将左腿继续向右侧伸，放在A左侧90°的位置，
   同时将A的右臂向下拉拽。
4. D接着将A的右臂拉至自己的左肩上方。
5. D用自己的肩膀运用伸臂锁技术。
6. 然后D顺时针旋转身体。

7. 使用剑式投技，将 A 摔倒在地。
8. D 将 A 的右手腕向上拉，左手放在 A 的右肘关节处。
9. 通过向上拉 A 的手，并且向肘关节施加压力，D 使用伸臂锁，使 A 无法动弹。

1. A 使用匕首从 D 左上方向内侧刺向 D 的脖颈处。
2. D 用左手背进行阻挡，同时用右手手指猛戳向 A 的双眼。
3. D 将 A 的持刀手顺时针向外扫向左侧，然后向右前方迈出一步。
4. 准备对 A 使用背面锁技（伸臂锁）。
   D 用右手夺下 A 的匕首。
5. D 一步 180° 转身，使用扭弯手锁抓住 A 的右手。
6. D 用匕首的刀柄抵住 A 的右手肘。
7. 使用伸臂锁将 A 按倒在地。

7.3.1.2　地面的锁臂技术和应用

1. A 将 D 按在地上，双手勒颈。
   A 位于 D 双腿之间（防御位置），D 用双腿夹住 A 的腰部。
2. D 用手指猛戳 A 的头部，同时用自己的右小臂挣脱 A 的右臂对自己的束缚。

3. D 用右手抓住 A 的右臂拉向 A 身体左侧（向腹股沟方向），使其无法移动。D 用左手抓住 A 的头部（从头部右侧绕住 A 的脖颈，使 A 无法站起）。

4. 然后 D 左手抓住 A 的头部，向自己左侧推。

5. D 在地上将自己身体向右侧转 90°。

6. D 左腿跨上 A 的头部，右腿紧靠向 A 的左臂，此时 D 的左腿放在了 A 的背部，膝盖后方抵住了 A 的左臂。D 将脚跟绷起。

7. 然后 D 用左手钳制住 A 的右小臂。

   ● A 的右臂伸直，被 D 的左臂固定于 D 的上半身上。这是因为使用小臂能够比使用手掌施加更大的力量。

   ● D 用右手抓住 A 的左侧大腿。

   ● 通过拉伸髋部得以运用侧拉伸锁技（伸臂锁）。

1. A 抱住 D，使其双臂无法抬起。

2. D 出其不意猛踩 A 的左脚。

3. D 双手推 A 的盆骨处，使 A 与自己分开。

4. 接着 D 用膝盖踢向 A 的裆部。

5. D 左手顺时针绕在 A 的右臂上，并抓住肘关节处。D 的右手按住 A 的头部，使用伸臂锁技巧（站姿）。

6~7. D 将左腿跨在 A 的头上，使用吊索式投技。

8. 然后 D 用右脚踢向 A 的胸腔下部。

9. D 右脚迈过 A 的身体，将 A 扭转至腹部着地。

10. 利用腹股沟使用锁臂技术，完成整套综合技术。

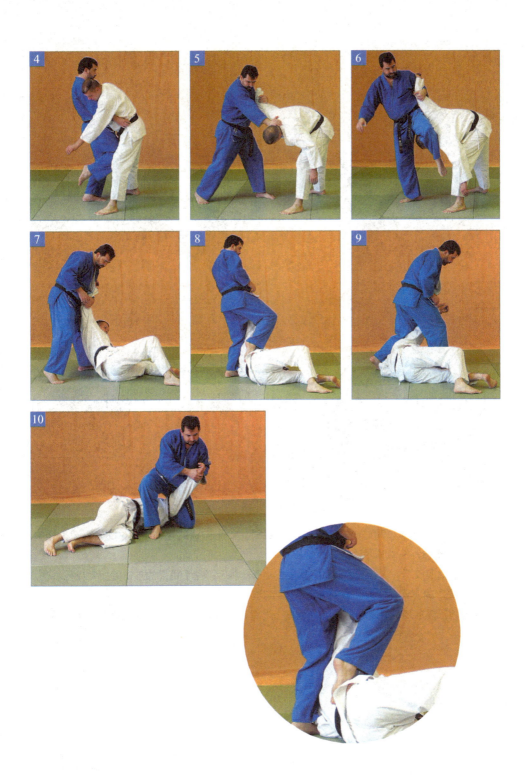

1. A 将 D 推向地面，同时出右拳击向 D 的头部。A 处于 D 的两腿中间，D 使用剪刀腿夹住 A 的腰部，控制其活动。

2. D 向上抬起双腿，将 A 向前拉，使其失去平衡，然后用左手将 A 的攻击手扫向自己右侧。

3. D 抓住 A 的右臂，将左脚伸到 A 的头部下方。

4. D 将髋部向前顶，双腿夹住 A 的手臂向上方举（小指向上），运用扭转锁技（伸臂锁）。

1. A站在D侧面对D使用头部固技。
2. D用左手拇指戳向A的右眼，A放开D之后身体站直。
3. D使用后滚翻，将A向后方带倒。
4. D立即使用架裟固技。
5. D左手靠近A的脖颈，将其按在地上。
6. D向上挺直上半身（松开A），将左腿跨在A的头部。
7. 使用侧面锁技（伸臂锁）。

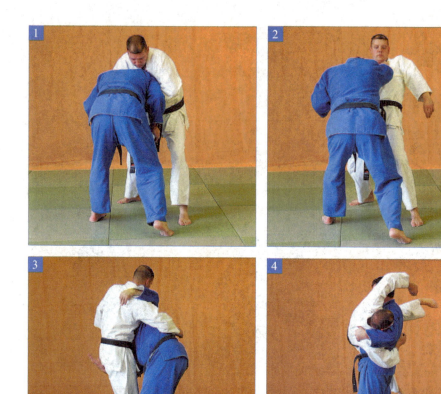

1. A 从正面对 D 使用头部固技。

2. D 猛戳向 A 的脖颈，用左手挣脱 A 的束缚，将头抽出。

3. D 右臂从 A 的双腿之间穿过，抓住其臀部后面，左手从 A 脖颈右侧绕过抓住 A 的后背。

4. 将 A 抬起，并将 A 的身体翻转成水平方向。

5．D 将 A 扔在地上。

6．然后 D 跨坐压在 A 的身上。

7．D 右膝抬起放在 A 的左大臂上。

8．D 左脚放在 A 耳朵处（脚跟靠近脖子），
用腹股沟处使用伸臂锁，使对手无法
动弹。

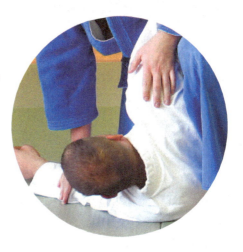

7.3.2 弯臂锁

- 向对手弯曲的手臂使用的技术，作用于肘关节或肩关节。
- 固技只能达到使对手短时间内无法移动的效果，应对反击的效果有限。

7.3.2.1 站姿的应用

1. A 使用右手拳背击向 D 的头部。
2. D 用右手抓住 A 的右手手腕，用左臂绕住 A 的右臂，并且抓住自己的右手手腕，得以运用弯臂锁。

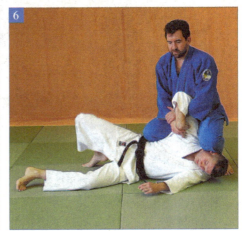

3. D 迅速将 A 拉向前方，使其失去平衡。

4. D 借助 A 移动的力量，将自己的手臂向 A 右肩的方向抽回，同时用右肘击打 A 的头部。

5. D 使用弯臂锁将 A 摔倒在地。

6. D 双膝跪在 A 的身上，使用弯手锁，使 A 无法动弹。

1. A 使用右勾拳击向 D 的头部。D 用左小臂向外侧阻挡。

2. D 左手抓住 A 的右手腕，右手指关节击向 A 右臂肱三头肌处。

3. D 从外侧将右臂中部放在 A 的肘关节处。

4. D 左手按住 A 的手臂，右手顶住 A 肘关节向上抬，得以运用弯臂锁。

5. D 将 A 摔倒在地。

6. 然后 D 用右胫骨处压住 A 的右大臂。

7. 将 A 翻转至腹部着地，用伸臂锁使 A 无法动弹。

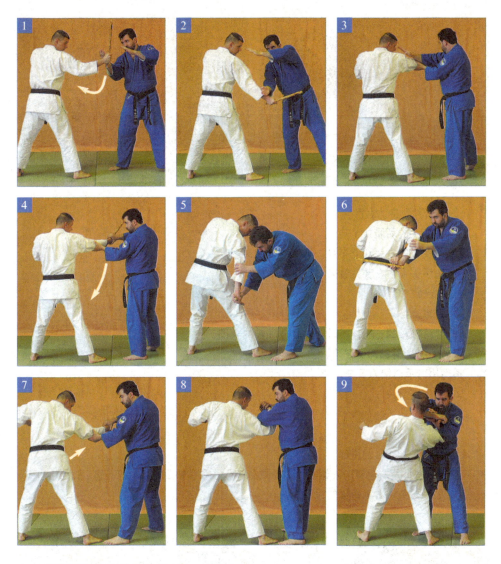

1. A 用棍子向 D 的头部发起攻击。

2. D 用右手背逆时针扫向外侧下方进行阻挡，同时用左手猛戳向 A 的眼睛。

3. D 把左手放到 A 右肘下方，然后用右手猛戳向 A 的眼睛。

4. D 用右手抓住 A 的持棍手。

5. D 把 A 的手臂推向 A 的身体，用棍子击向 A 的胫骨 / 膝盖。

6. A 的手臂背到身体后面。

　　棍子靠在 A 的后腰处。

7. 通过拉拽 A 的右手和上半身，解除 A 的武装。

8. D 的左手从 A 的右臂绕过来。

　　抓住自己的右手腕。

　　使用弯臂锁。

9. D 手臂弯向 A 的右肩，同时用右肘击打 A 的头部。

10. 接着 A 被弯臂锁摔倒在地。

11. 然后用弯手锁使 A 无法动弹。

1. A 使用匕首刺向 D 的腹部。

2. D 张开手掌，用右小臂向外侧下方进行阻挡，同时用手指猛戳向 A 的眼睛（扰乱攻击）。

3. D 用左手抓住 A 右手拇指的关节处。

4. D 将 A 的持刀手逆时针向自己左侧上方外侧阻挡。

5. D 用右手夺下 A 的匕首。

6. D 的右臂逆时针绕在 A 的手臂上，用匕首的手柄抵
住 A 的胸膛。

7. D 绕到 A 的身后，绕住 A 的脖颈，抓住其衣领。

8. D 使用踩脚踢，使 A 呈跪姿，用右脚踩住
A 膝盖后方，使其无法站立起来。

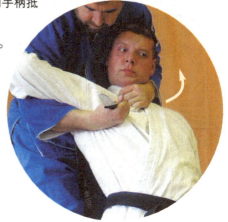

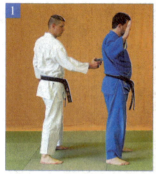  

1. A 站在 D 的身后，用枪抵着 D 的背部，D 双手举起。

2. D 顺时针方向转向右侧。

3. D 用右臂逆时针向上绕住 A 的持枪手臂，运用弯臂锁。

4~5. D 用左手解除 A 的武装。

7.3.2.2　弯臂锁固技及其应用

1. A 用双手向 D 的双腿发起攻击。

2. D 将左手放到 A 的头部，右手从 A 的手臂下方穿过，放到 A 的背部。

3. D 右手放在左手（在 A 的头部后方）上，通过向前向下施加力量使 A 摔倒。

4. D 移动到 A 头部的右侧。

5. D 右膝跪在 A 的大臂上，左手抓住 A 的左手腕。左膝跪在 A 头部的另一侧（A 的头部被 D 的双腿夹住），右手从 A 的左手下方穿过，抓住自己的左手腕（弯臂锁）。
   D 将 A 的左手拉向 A 的右肩方向，得以运用弯臂锁，使其无法动弹。

  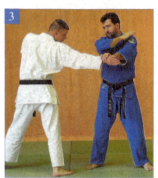

1. A 抬起右手欲打 D 一个耳光。

2. D 用右手扫向自己左侧向外进行阻挡。

3. 然后 D 用左手抓住 A 的右手腕。

4. D 用右手边缘击打 A 的脖颈。

5. D 使用刈腿扫技。

6~7. D 右腿绕住 A 的左腿，向下用力。

8. 然后 D 呈跨姿（侧边锁固，交叉姿势），右腿在左腿上方交叉向外伸直。

9. 随后 D 的右腿从左腿下方抽出来。

10. 左手从 A 的右手臂下方迅速穿过，抓住自己的右手腕，这时手腕被向上抬起（像是抓着摩托车的把手加速）。A 的右侧肘关节靠近自己的右侧髋部，右手被按在地面上，右大臂被 D 的左手向上抬起，弯臂锁完成，使得 A 无法动弹。

1. A 试图捏断 D 的手掌

2. D 出其不意用右脚踢向 A 的右侧胫骨。

3. D 右脚迈向前，放在 A 的身后。
   抓住 A 的攻击手，逆时针扭转。

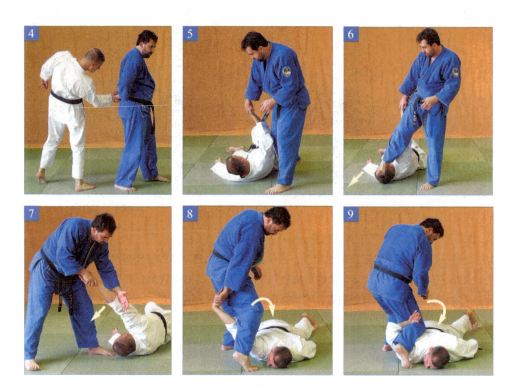

4~5. D 利用反关节手技将 A 摔倒在地。

6. 然后 D 从侧面踢向 A 的头部。

7. 接着 D 的右腿向前一步，左手放在 A 的右侧肘关节处。

8. D 将 A 翻转至腹部着地。

   D 右腿迈过 A 伸出的手臂。

9. 最后 D 将 A 的手臂绕在自己的右腿上。

   D 右膝盖跪下，使用腿部完成十字固技（弯臂锁）。

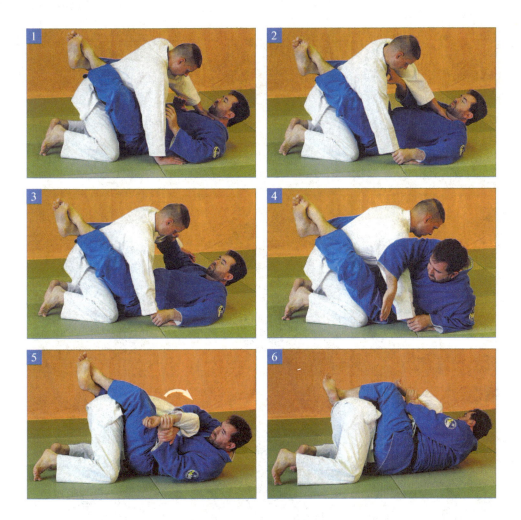

1. A将D按倒在地，被D夹在两腿之间。

   A右手撑地。

2~3. D用左手抓住A的右手腕，将A的左手向自己身体右侧移动。

4. D撑起上半身向左转，用右臂绕住A的右臂。

5. 然后D用右手抓住自己的左手腕。

6. D将髋部向左移动一点，将弯曲的手臂（弯臂锁）向A的左肩方向移动，同时用双腿夹住A的身体。

1. A 出右勾拳击向 D 的头部。

2. D 使用左臂进行被动阻挡。

3. D 右脚向前弓步，右手抓住 A 的左臂。此时 D 站在 A 的侧方 90° 位置。D 的头部顶在 A 的胸部，左手抓住 A 的右臂。

4. D 将髋部移至 A 的正面，一直保持身体前倾的状态。

5~7. D 使用腰技将 A 摔倒在地。

8. 然后 D 呈跨坐姿势，将双腿勾在 A 身下。

9~10. D 用双手将 A 的右臂按在地上。

11. D 左臂从 A 的右臂下方穿过，抓住自己的右手腕，使用弯臂锁技术。D 将手腕向上抬起（像是抓着摩托车的把手加速），把 A 的肘关节向右侧髋骨方向拉，使用弯臂锁让 A 在地上无法动弹。

7.3.2.3 移动对手的弯臂锁技术及其运用（移动杠杆）

1. A 使用棍子由外向内沿水平方向向 D 的右侧髋骨处击打。

2. D 使用右臂将 A 持棍手向下方外侧阻挡，同时用手指猛戳向 A 的眼睛（扰乱攻击）。

3. D 的左手也抓住 A 的右手腕（持棍手）。

  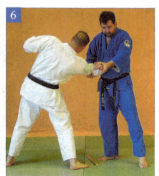

 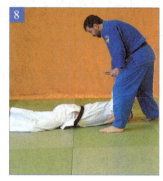 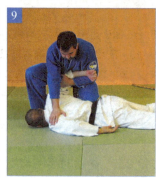

4. D右手运用小臂杠杆原理将棍子从 A 的右手中夺下。

5. 与此同时，D 用右手指猛戳向 A 的眼睛。

6. D 右臂分别向外侧、下方、内侧环形运动，然后用右手中指抓住 A 的右侧肘关节外部。

7. D 使用弯臂锁将 A 摔倒在地，然后把右手放在 A 的右侧肘关节处。

8. D 将 A 翻转至腹部着地。

9. D 把左手放在 A 右侧肘关节处，用右手按住 A 的左肩，使 A 无法转身。

10. D 抬起自己的左臂，使 A 站立起来，然后用右手扳住 A 的头部，扭动 A 脖颈处。D 使用缠绕锁技（弯臂锁的移动杠杆）让 A 移动。

1. A 的右手抓住了 D 的左侧衣领，同时左手出拳（向内勾拳）击打 D 的头部。

2. D 用右小臂向右方外侧阻挡，同时用左手和上半身夹住 A 的右手。

3. D 用右手击打 A 的太阳神经丛（腹部心窝处）位置。

4. D 右手从后面抓住 A 的大臂。

5. D 将 A 的大臂向前拉，小臂向后推。

6. D 用左手抓住 A 的右大臂。

7. D 使用缠绕锁技（弯臂锁的移动杠杆），完成整套综合技术。

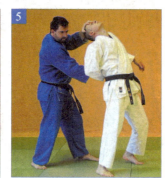

1. A用右小臂从后面勒住D的脖颈。
2. D用左手拇指猛戳A的左眼。
3. D挣脱A的束缚。
4. D从A的手臂下方移动到A的身后。
5. D将A的右臂扭到身后，形成弯臂锁，D左手从头顶上按住A的眼睛，使用弯臂锁，与按在A眼睛上的手（按住穴位点）同时发力，使A移动。

7.3.3 大外固

- 通过脖颈和腰椎的作用实现杠杆效果。
- 一只手向头部前方施力，另一只手在腰椎处施加反向的力量。
- 这类技巧的运用需要防守方站在攻击方的侧面。

1. A 右手从后面抓住 D 的衣领。

1

2. D向后一步转身，同时左手反手击打A的鼻子处，使A失去平衡向后倒。

3. 此时D站在A的侧面，与A呈90°。D左手放在A腰椎处，同时右手掌根击打A的下颌。

4. D运用大外固技术使A的身体更加弯曲，将A摔倒在地。

5. D使用内侧伸臂锁（绕线臂），完成整套综合技术。

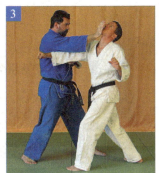

1. A 左脚在前，左手出拳，D 用右手扫向内侧进行阻挡。
2. A 再次出拳。D 从 A 左臂下方用左手掌根向 A 的下颌处勾拳击打，同时用右手保护自己的头部。
3. D 用右手掌根击打 A 的头部，同时把左手放在 A 的腰椎处。
4. D 迫使 A 向后倒地。
5. D 使用指关节按住 A，完成技术动作。

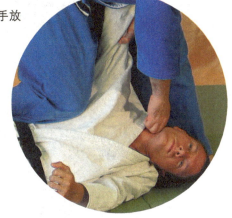

7.4 投技

7.4.1 大外投

- 通过拉、推或使用当身技，使对手倒向后方、侧面，从而失去平衡。
- 防守方站在攻击方的侧面，将近侧腿放在攻击方双腿之间，将攻击方推倒。
- 任意选择运用各类抓技。

1. A 面对 D，抓住 D 的一只手。
2. D 设法挣脱，同时向左侧迈出弓步，右手掌外沿劈向 A 的左侧颈动脉处。

1

3. D右腿放在A右腿后面。

4. D使用腿绊将A摔倒在地。

5. D右手抓住A的肘关节。

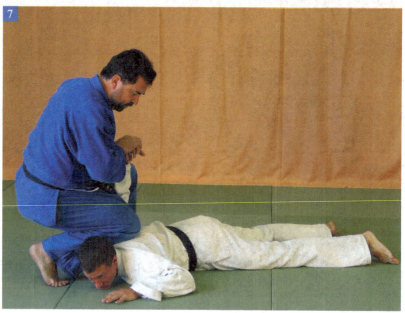

6. D 拉住 A 的手掌，向肘关节施力，将 A 翻转至腹部着地。

7. 此时 D 在 A 的右侧，右膝跪在 A 双肩之间的位置，使用弯臂锁使 A 无法动弹。

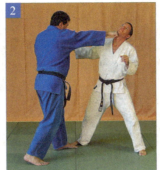

1. A右脚低踢向D的大腿。D抬起左腿阻挡A的攻击。
2. D出右拳击向A的下颌。
3~4. D右手抓住A的脖颈，左手抓住A右上臂肱三头肌处，
　　右腿放在A右腿的后面。
5. D使用腿绊将A摔倒在地。
6. D双腿搭在A的身上（先左脚，后右脚，搭
　在脖颈/上半身上），然后使用侧面锁技（伸
　臂锁）使A无法动弹。在这一过程中应
　当保持双膝盖夹紧，髋部抬起，A的小指
　向下。

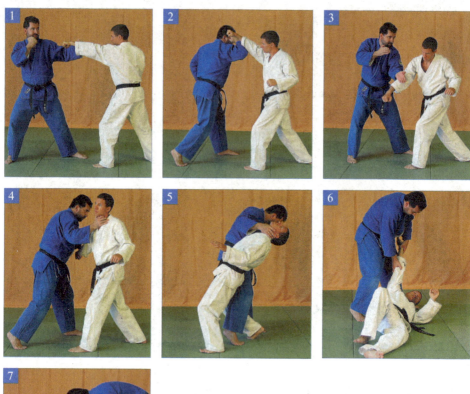

1. A左脚在前，出左拳猛击。D出左拳回击(半弧线移动增加击中概率)，击打在A左小臂上。

2. A再出右拳（摆拳），D用右臂被动阻挡（敬礼式阻挡）。

3. D左手抓住A的右大臂。

4. D右手抓住A的脖颈/头部。

5. D右腿放在A右腿后面。
   使用腿绊将A向后摔倒在地。

6. D右手放在A的肘关节处，左手抓住A的手腕。

7. D拉住A的手掌，向肘关节处施力，把A翻转至腹部着地。

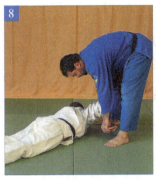  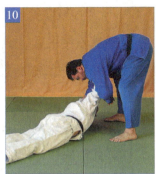

8~10. D 使用腕锁作为"移动杠杆"。

11. 同时 D 按住 A 耳后的穴位，迫使 A 移动。

7.4.2 大腰技或腰轮

- 拉拽或使用当身技，使对手倒向前方，从而失去平衡。
- 与对手平行站立，使用扭转技巧，避免身体重心移动错误。
- 伸展双腿，抬起对手，翻转上半身，最终完成动作。
- 大腰技的姿势：直接在对手正前方，使用髋部摔投。
- 腰轮的姿势：在对手的侧方，使用背部摔投。
- 任意选择使用不同类型的抓技。

7.4.2.1 腰轮

1. A右手抓住D的衣领，左手出拳攻击（摆拳）。
2. D用左手抓住A的右手，右手将A的攻击拳扫向内侧进行阻挡。
3. D换左手抓住A的左臂，并且向下方拉拽（此时A的双臂交叉）。
4. A的攻击臂再一次被D的右手抓住，身体转向内侧。

5~8. D运用腰轮，将A放
　　　倒在地。

9. D将双腿搭在A的身上
　　（先左后右）。

10. D使用侧面锁技（伸臂
　　　锁），完成整套综合技术。

1. A 站在 D 后方，用双手勒住 D 的脖颈。

2. D 抬起左手，使 A 的左手紧靠自己的颈部。

3. 然后 D 在 A 前方逆时针转身，目的是为了挣脱 A 的束缚。

4. D 将左臂搭在 A 双臂上。

5. D 右臂绕在 A 的脖颈后方。D 使用腰轮，将 A 的髋部顶向外侧。

6~7. D 将 A 摔向前方，使 A 倒地。

8. D 呈跨姿 / 骑姿。

9. D 双腿放在 A 的身下，右臂放在 A 的脖颈下方，右手抓住自己的左臂肱二头肌处，左臂放在 A 头部右侧，D 将自己右侧面颊放在自己的左手上。D 的肩膀抵在 A 颚骨下方 / 前方。D 向前方施力，完成颈锁。

7.4.2.2　腰技

1. A 从侧面双手勒住 D 的脖颈。

2. D 用肘关节向右侧击打 A。

3. D 将 A 拉向自己，双方呈平行姿势。

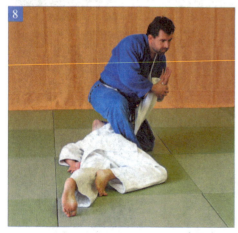

4~5. D 运用腰技将 A 摔倒在地。

6~7. D 踢向 A 胸腔下部，将 A 翻转至腹部
　　 着地。

8. D 以腹股沟使用伸臂锁，完成整套综合
　 技术。

1. A出右勾拳，D用左小臂向外侧阻挡。

2. D接着右脚向前迈出弓步，站在与A侧面呈90°的位置。D右臂在A左臂上方，头部抵在A的胸口，左手抓住A的右臂。

3. D向前移动髋部，上半身向前弯。

4~6. D运用腰技将A摔倒在地。

7. D左手抓住A的右手腕，右手按住A的右侧肘关节。

8. D拉住A的手腕，向肘关节施力，将A翻转至腹部着地。

9. D的左手靠近A的右侧肘关节，运用交叉锁技（弯臂锁）。

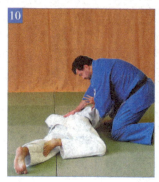  

10. D右手按住A的左侧肩膀，使A无法转身用手肘反击。

11~12. 紧接着D向前推A，使A站立起来。D运用交叉
抓技，可以使A移动（移动杠杆）。

7.4.3　大外刈

- 通过拉、推或使用当身技，使对手倒向后方、侧面，从而失去平衡。

- 防守方站在攻击方的侧面，将近侧腿从外侧放在攻击方双腿之间，扫踢攻击方的受力腿，迫使其从侧面倒向后方。

- 任意选择运用各类抓技。

1. A左手抓住D的右手腕，右掌击向D的耳朵。D用左小臂向上方外侧进行阻挡。
2. D右手肘关节绕到A手臂的上方，挣脱A的束缚。
3. 然后，D用右手肘关节击向A的胸部，同时左手猛戳其脖颈部位。

4. D向上抬右手肘关节，击向A的下颌。

5. 随后D用右手将A的面部推向自己右侧，与此同时，D身体向左转，左手抓住A的右臂。

6. 此时A的身体重心向后方倾斜45°。

7~8. D使用大外刈技术将A放倒。

9. D最后使用下踢完成整套动作。

  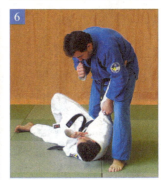

1. A出右勾拳，D用左小臂向外侧进行阻挡。

2. 同时D用右手掌根击打A的头部。

3. D用左手抓住A出拳手臂的肱三头肌处，将A拉向左侧后方，使其失去平衡。

4~6. D使用大外刈，将A向侧后方摔倒在地。

7. D左膝跪在A脖颈上，右膝跪在A右侧身体上，使用内侧臂锁（伸臂锁），使A无法动弹。

1. A 双手抓住 D 的衣领。
2. D 右拳击向 A 胸口处。
3. D 右手从 A 双臂中穿过，抓住自己在外侧的左手。
4. D 身体用力向左侧转动，挣脱 A 的抓技。

5. 然后 D 转向右侧。

6. D 用左手抓住 A 右臂的肱三头肌处，右手抓住 A 的左侧衣领或脖颈处，使 A 失去平衡向左后方 45° 倾斜。

7~10. D 使用大外刈，将 A 向侧后方摔倒在地。

11~12. D 抓住 A 的右手腕，右手向 A 肘关节施力，将 A 翻转至腹部着地。

13. D 使用扭弯臂锁，使 A 无法动弹。

8　反应和应对技巧

● 与搭档共同练习。开始姿势：一只手从外侧抓住对手的手腕。另一只手或小臂向肘关节施力。

● 当对手将被锁住的手臂弯向上半身时，学员立刻转换到弯臂锁（锁技）。

● 如果手臂再次伸展，就可以立刻转换成伸臂锁。

● 使用双臂完成练习。

9 追逐技巧

9.1 闪避法

- 学员试图用髋部背负摔对手。
- 在对手靠近时或靠近后，闪避到对手侧方位，避免被举起、摔倒。
- 学员必须掌握左侧和右侧的闪避方法。
- 运用后续技巧不是本练习的关键。

逆着摔投的方向

顺着摔投的方向

9.2 阻挡法

● 例如，学员对对手使用腰轮技巧。

    a) 在对手靠近时，髋部向下沉，顶向前方。

    b) 手掌推住对手髋部，向相反方向施力（类似当身技）。

    c) 在对手靠近时，髋部向下沉顶向前方，同时手掌推住对手髋部，对手便无法完成摔投前的技术动作。

● 学员必须掌握左侧和右侧的两种方法。

髋部向下沉

顺着摔投的方向

10 自由防卫

- 防守方可以使用任何方式进行防守。
- 学员自由选择防守技巧。
- 进攻需尽可能灵活，防守应当尽快做出。
- 需注意：有效、灵活、动作正确、整体印象。

10.1 攻击一：一只手被对方双手抓住

1~2. D用左手猛戳对方脖颈，右手挣脱。

3. D用左手击打对手手臂，右手掌根击向对手下颌。

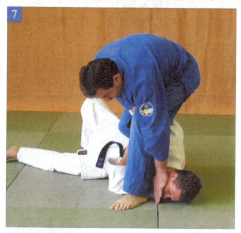

4. D 将右腿放到 A 右腿后方。

5~6. D 使用腿绊将 A 向后摔倒在地。

7. D 双腿压在 A 的身上（先左后右）。

8. 紧接着 D 使用侧面锁技（伸臂锁），使 A 在地上无法动弹。

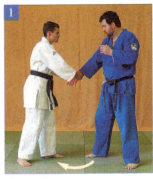

1~3. D 左手放在 A 的脖颈上，拉住 A 顺时针方向移动。

4. 然后 D 迅速向后转身，回到起始位置。

5. D 右臂向 A 的脖颈方向移动，左臂放在 A 的腰椎处。

6. D 向后推 A 的身体，使其摔倒。

1~2. D左手跨过A的双手，抓住自己的右手。

3. 然后D猛地向上抽回左手（挣脱）。

4. 紧接着D用右手背击向A的头部。

5. 然后D用右臂挡住A的双臂。

6. D出左拳击向A的头部。

10.2 攻击二：单手抓住斜侧衣领

1~2. D 右手扇向 A 的耳朵，继续挥向左侧，
　　 同时用左手抓住 A 的右手腕。

3. D 右臂跨在 A 右臂上（夹住肘关节处），
　 使用弯臂锁。

4. D 的左手放开 A 的右手腕，将 A 的右侧
　 脸颊推向左侧。

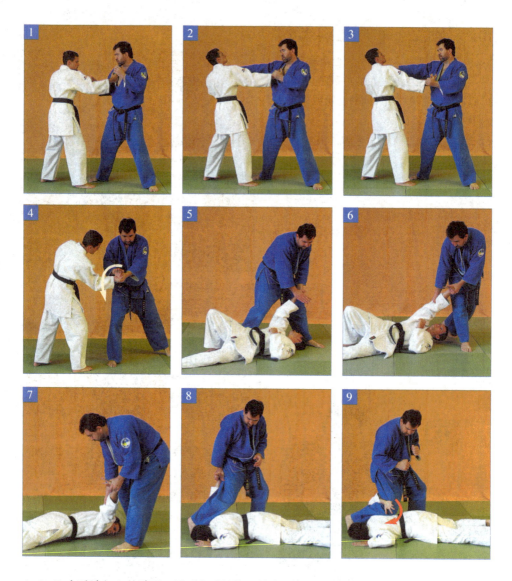

1~2. D右手戳向A的脖颈，同时左手抓住A的右手腕。

3. D左手使劲使A松开抓住的衣领。

4. D转身90°，使用弯手锁。

5~7. 然后D左手抓住A的右手腕，右手抓住其肘关节，将A翻转至腹部着地。

8. D将A的右臂绕在自己的右腿上。

9. D使用腿部缠绕锁技（弯臂锁）使A无法动弹。

1~2. D右手猛戳向A的下颌，左手抓住A的右手腕。

3~5. 然后D右手抓住A的右手掌，使用扭转弯手锁。

6. D直拉A的手臂，使A摔倒在地，用伸臂锁使其无法动弹。

10.3 攻击三：正面双手勒颈

1~2. D 用右手猛戳向 A 的咽喉部位。

3. D 右臂跨在 A 的右臂上，使用弯臂锁。
   D 的左手将 A 的头部推向 A 左侧。

4. D 绕到 A 的后方，右手抓住 A 的左侧衣领，
   左手伸到衣领下方，利用衣服勒颈。

5. D 用右腿踢向 A 右膝的后侧。然后，D
   用右脚踩住 A 的膝盖后侧，阻止 A 站立
   起来，直到 A 投降为止。

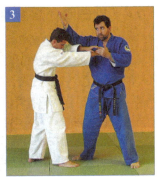

1~2. D出右拳击向A的腹部。

3~4. 随后D右臂由外向内将A的双臂挡开（曲线运动）。

5~6. D绕到A的后方。

7. D抱住A抬起约20厘米。

8. 然后将A摔下。

9. D随着A一起坐在地上，双腿缠绕住A的身体。D左手抓住A的左臂，用右臂绕住A的脖颈，右手放在A的左肩上。

10. D用左手在A头部后面向前推（手背挨着A头部后方），使用小臂勒颈。

10.4 攻击四：侧面双手勒颈

1. D右手猛戳向A的咽喉处，同时左手抓住A的右手。

2~3. D把A的右手拽向下方，运用弯手锁技巧。

4. D右手抓住A的右手腕，左手抓住A的右手肘关节。

5~6. D向上扭转A的右臂，将A翻转至腹部着地。然
    后D用弯臂锁将A的右臂压在A后背上，同
    时双膝也跪在A的后背上。D也可以抓住
    A的头发，将A的头部向后拉。

1~2. D右臂向上方伸展，绕过A的右臂。

3. D迅速向左侧转身，同时挣脱A的束缚。

4~6. D继续转身，左臂从下方抓住A的双臂。

7~8. 然后D使用肩摔，将A摔倒在地。

9. D双腿顺势压住A的上半身（先左后右）。

10. D使用侧面锁技（伸臂锁），使A无法动弹。

1~2. D 用右手拇指向 A 的左眼发起攻击（类似扫的动作）。

3. 然后 D 用左臂将 A 的右手向外侧扫开。

4. D 右手抓住 A 的肘关节，将 A 的双臂扫向外侧。

　　然后 D 左臂向上勾击向 A 的下颌。

5. 随后 D 出左拳。

6. D 左脚后撤。

7. D 右胫骨踢向 A 的前腿，完成整套技术动作。

10.5 攻击五: 侧面单手抓衣(肩膀部位)

1. D右臂向上内侧绕,直到对手的小指朝上。
2. 此时D抓住A的左手,扭住该手的侧面。
3. D把右手放在A的左侧肘关节处,将肘关节向外侧拉,使用扭手锁。
4. A被迫跪倒在地。最后D用膝盖踢向A的下颌,完成整套技术动作。

1~2. D 向前一步 90° 转身，同时左手手指猛戳向 A 的咽喉处。

3. D 用左臂将 A 的左臂挡开，同时右手掌根击向 A 的面部。

4. D 左手压在 A 的侧脸上。

5. 迫使 A 的头部向后仰，同时 D 用右手肘关节击打 A 的脖颈 / 咽喉左侧肌肉。

  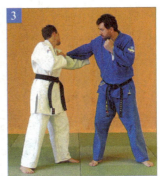

1~2．D 向前一步 90° 转身，同时右手手指向外侧扫过 A 的双眼。

3．D 右臂缠绕在 A 的左臂上。

4．D 使用弯臂锁技巧。

5．随后 D 左手中指放在 A 右耳根处，用力压住该处穴位。

11　自由应用

11.1　当身技（手）

- 站立打斗时仅运用手技（手掌）。

- 击打的目标可以是对手全身（包括腿部）。

- 轻微接触，而非重击。

- 练习目标：防守技巧和移动方式的自由应用。

- 保护装备：男性学员必须着下体护具（强制性）。

- 训练时长：与搭档练习，1～2分钟互换一次。

11.2　地面打斗技巧

- 地面打斗时的身体接触。

- 搭档中一人使另一人失去平衡（如使用腿绊）摔倒在地，自己也同时倒在地上，此时打斗结束；休息或角色互换后，使用同样的起始姿势。每个学员都应当有机会将搭档摔倒，或是被搭档摔倒，以掌握正确的技巧。

- 训练目标：掌握抓技和挣脱技巧的自由应用。

- 重点训练锁技的运用（如伸臂锁）。

- 不使用按压穴位或锁颈的当身技。

- 保护装备：男性学员必须着下体护具（强制性）。

- 训练时长：与搭档练习，1～2分钟互换一次。